suhrkamp taschenbuch 4764

»Schon die Entgeisterung in meinem Umfeld, als ich auf mein erstes Udo-Jürgens-Konzert ging! Kaum etwas in meinem Leben hat zu so ambivalenten Reaktionen geführt« – so erinnert sich Andreas Maier, als er zum ersten Mal Udo Jürgens live erlebte. Im November 2014 besuchte er in Frankfurt zum letzten Mal eines von dessen Konzerten.

In seinem Bericht in der *Frankfurter Allgemeinen Zeitung* schrieb er, der Künstler Jürgens wisse stets, »wo und in welchen Momenten man sich die Glücksverheißung oder Wahrheitsverheißung vom eigenen, ganz konkreten gesellschaftlichen und privaten Leben abringen kann oder muss«. Nach dem Tod von Udo Jürgens am 21. Dezember 2014 entschloss sich Andreas Maier, dem angriffslustigen Sänger noch einmal nahezukommen.

Andreas Maier wurde 1967 im hessischen Bad Nauheim geboren. Er studierte Altphilologie, Germanistik und Philosophie in Frankfurt am Main und ist Doktor der Philosophie im Bereich Germanistik. Er lebte wechselweise in der Wetterau und in Südtirol. Andreas Maier wohnt in Hamburg.

Andreas Maier

Mein Jahr ohne Udo Jürgens

Suhrkamp

Die folgenden Texte entstanden zwischen
Januar und Oktober 2015

Erste Auflage 2017
suhrkamp taschenbuch 4764

Umschlagabbildung: IMAGNO/Votava
Umschlaggestaltung: Hermann Michels und Regina Göllner
Druck und Bindung: CPI – Ebner & Spiegel, Ulm
Printed in Germany
ISBN 978-3-518-46764-0

Mein Jahr ohne Udo Jürgens

Wir tragen die Krone der Schöpfung
eher so wie einen Karnevalshut

Spiel, Zigan, spiel,
sonst bist du als Zigeuner
nur ein Dieb, ein Streuner,
den man nirgendwo vermisst

Nach vorn

Neulich habe ich mir einen Plattenspieler gekauft

Neulich habe ich mir einen Plattenspieler gekauft. Meinen ersten seit zwanzig Jahren. Ich liege damit voll im Trend. Ich habe mir auch einen Röhrenverstärker gekauft. Ich gehöre jetzt zur Generation derer, die sich noch mal ein Rennrad kaufen und dann auch noch einmal den besseren Verstärker, den man sich schon immer gewünscht hat. Denn jetzt kann man es sich leisten, und es geht sowieso langsam auf das Ende zu.

Schön ist es und wie ein warmes Hinübergrüßen aus alten Zeiten, in einen der unzähligen Secondhand-Vinylshops zu gehen, die jetzt überall existieren. Denn die Crux oder auch der Vorteil der »physisch präsenten« Dinge ist, dass sie irgendwohin müssen, deshalb gibt es jetzt bei Büchern und Langspielplatten diesen riesigen Umlauf. Und wenn man sich, ohne es zu merken, eine Platte kauft, die man vor einem Vierteljahrhundert weggegeben hat, dann erinnert mich das fast ein bisschen an unser vergangenes Sorgerecht, das mit Sicherheit in diesen Jahren dazu führt, dass derzeit einige Väter Sex mit ihren Töchtern haben dürften bzw. umgekehrt, ohne dass die beiden Beteiligten überhaupt irgendetwas davon ahnen. Die antike Tragödie ist da auch nicht mehr weit. Und so kauft man dann vielleicht die eigene Platte wieder und weiß es nicht einmal.

Immer wenn ich einen dieser Plattenläden betrete, denke ich, was haben wir uns da nur einreden lassen im letzten Vierteljahrhundert? Und statt dass man immer weiter LPs gehört hat, muss man jetzt mit dem Retro-Makel kämpfen. Immerhin habe ich noch ein paar Platten.

Wer Vinyl hört, hört anonym. Kein Internetdienst kann rauskriegen, was du gerade hörst. Das ist umgekehrt wie bei Netz-Pornographie. Da weiß jeder, was du gerade guckst. Und hier wird es nun Zeit, Udo Jürgens ins Spiel zu bringen.

Ich hatte einmal einen Onkel, er hieß Onkel J., Heinohörer, Waldgänger, den ich literarisch im Sinne eines Gedankenversuchs immer mal wieder an den Bahnhofskiosk schicke, damit er sich dort ein pornographisches Magazin oder ein Erotikmagazin kauft, *Schlüsselloch*, *Praline* oder noch frühere Ausgaben, er lebte ja schon in den Fünfziger- und Sechzigerjahren sein Leben, von dem ich mir kaum etwas vorstellen kann. Bei ihm war es, wenn es denn so war, umgekehrt wie bei unserer heutigen Netz-Pornographie. Zwar konnte man das vor allem und jedem verstecken und geheim halten, man war ja nicht online, aber man musste beim Kauf dem Verkäufer gegenübertreten und die Kaufware dann auf den Tresen legen. Das ist eine irgendwie noch viel überwältigendere, weil direkte Art von Öffentlichkeit, wenn auch nur einer Person gegenüber: dem Kioskbesitzer. Einmal *Praline* bitte. Und *St. Pauli Nachrichten* der Herr? Und wie immer mit Tüte?

Wenn ich in einen der Vinylläden trete, spüre ich etwas, das im Raum liegt, eine Form von Mainstreamigkeit. Da geht man rein und sucht eine frühe Metallica. Oder die alten Animals, als Eric Burdon noch … oder Chuck Berry. Ich glaube, wer in einen Vinylladen tritt und nach Chuck Berry schaut, der ist normal, der wird ernst genommen, da gibt es keine Unsicherheit im Blickkontakt zwischen Käufer und Verkäufer. Wenn man in den Secondhandladen geht und sagt: Ich suche Chuck Berry, so die Phase 67/68/69, dann ist das so, als ginge man in den Buchladen und sagt: Ich hätte gern den *Doktor Faustus*, aber bitte als Band aus der neukommentierten Fischer-Gesamtausgabe.

In jedem Vinylladen spüre ich die Unsicherheit in meinem Blick, das leicht Devote, das ich bekomme, wenn ich nach Udo Jürgens frage. Ich bin schon vor dem Betreten des Ladens nervös. Ich fühle mich nicht schuldig, nein, aber ich muss dann immer an meinen Onkel denken, wenn ich ihn mir am Kiosk ausmale. Bis ins Detail verhalte ich mich ähnlich: Wenn ich in den Laden gehe und Chuck Berry im Sinn habe, ist mir völlig egal, wer sonst noch im Laden ist, ich schaue mir die Leute gar nicht an, sie liegen außerhalb meiner

Wahrnehmung. Gehe ich mit dem Vorsatz Udo Jürgens hinein, untersuche ich sofort den ganzen Raum: Wer steht wo, wie sehen die Personen aus, wer steht so nah am Tresen, dass er es mitkriegen könnte? Ich fühle mich geradezu schmuddelig. Und tatsächlich sehe ich in den Augen des Verkäufers, wie es Klick macht und er ein Bild von mir bekommt, wenn ich »Udo Jürgens« sage. Ich hatte mal einen so langen Bart, dass mich Menschen, die mich nicht kannten, für einen Schrat und einen Deppen hielten und dann auch so mit mir umgingen. Das machten sie gar nicht absichtlich, sie bemerkten ihre Diskriminierung gar nicht. Sie tun dich ab und stehen eben einfach über dir. Wenn sie mich dann in der Zeitung oder im Fernsehen sahen, wechselte ihr Bild von mir natürlich sofort. Aber mit Bart stand ich bisweilen in Schlangen und wurde einfach nicht beachtet und manchmal sogar weggeschubst, und ich hörte Leute über mich sagen (sie wollten mich verteidigen): »Jetzt lasst ihn doch in Ruhe, er kann doch hier stehen wie du und ich auch, oder!?«

Es wurde also über mich in der dritten Person geredet. Dagegen bin ich seit meiner Kindheit allergisch. Das schafft ein langer Bart (es war noch vor der jetzigen Bartmode, und mein Bart war nicht modisch, er sah eher nach Verwesung aus, auf der Straße schrie mir eine Gruppe Jugendlicher mal das Wort »Fotzenhuber« hinterher).

So sind wir sozialisiert. Die feinsten Nuancen nehmen wir wahr, auch im Vinylladen. Jeden Tag bestätigen wir unsere Vorurteile und können gar nicht anders. Ausgrenzung überall, unbewusste Inklusion ebenso. Möglicherweise ist es ja sogar vorauseilender Gehorsam, denn auch wenn ich nun den Gang antrete in mein erstes Jahr ohne Udo Jürgens und beginne, diese Texte hier über ihn zu schreiben, ein Jahr lang, so habe ich ja doch zunächst dieselbe Schule durchgemacht wie alle anderen: Pink Floyd, Motörhead, ZZ Top, Blues, Rock 'n' Roll, und auch in mir ist es eingepflanzt, dass da Udo Jürgens nicht reingehört, dass das was anderes ist, dass das irgendwie …

Schon die Entgeisterung in meinem Umfeld, als ich auf mein erstes Udo-Jürgens-Konzert ging! Kaum etwas in meinem Leben hat zu so ambivalenten Reaktionen geführt. Einige Leute waren schockiert. Andere begannen *Die kleine Kneipe in unserer …* zu pfeifen, was auch etwas unpassend war. Bei vielen, wurde mir damals klar, sitzt der *Buenos-Dias-Argentina*-Schock noch tiefer, als es eine Thomas Bernhard'sche Verstörung je sein könnte.

Nun ist er tot. Nun ist alles klar und am Platz. Von nun an gehen wir erhobenen Hauptes in den Plattenladen. Und kaufen einfach alles, was wir noch kriegen können.

Neulich wurde Winter

Neulich wurde Winter, und da fiel mir auf, dass ich seit zwei, drei Jahren keine Probleme mehr mit Erkältungen habe.

Ich war früher viel erkältet. Das heißt, als Jugendlicher, als ich Jethro Tull und Motörhead und Pink Floyd hörte und mit Udo Jürgens nichts am Hut hatte, war ich ebenfalls nie erkältet. Ich hatte mich damals, im heldischen Zeitalter (fünfzehn, sechzehn), einer wirklichen Abhärtung unterzogen. Diese bestand darin, dass ich immer das Fenster offen ließ, auch im dicksten Winter. Ich lebte damals in Friedberg in der Wetterau an einem kleinen Flüsschen, das Usa heißt, wir nennen es »die Us«. Flüsse sind im Wetterauischen wie im Lateinischen weiblich: die Usa, die Wetter, die Nidda. (In Klagenfurt sind die Flüsse auch weiblich, und wenn die Glan oder die Lend mal zu irgendeinem Jubiläum nach Udo Jürgens umbenannt wird, wird man an »der Jürgens« entlangflanieren können.) Ich galt meinen Altersgenossen als zu spät gekommenes Blumenkind. Tatsächlich kannte ich mich mit Wiesenblumen überhaupt nicht aus, sondern war ein zwischen dem Blauen Bock und der Friedensbewegung aufgewachsenes Kind, aber manchmal pflückte ich

Blumen und legte sie dem einen oder anderen Mädchen nachts auf das Fensterbrett, während es schlief. Das hätte auch Udo Jürgens gefallen, und womöglich hatte er das auch manchmal gemacht, als Kind, als er noch diese beeindruckenden Ohren hatte und deshalb vielleicht auch lieber nur nachts auftrat, wenn alle schon schliefen und ihn keiner sehen konnte mit seinen Dumbo-Ohren.

Und weil ich ein Blumennarr war und insgesamt einen wohl irgendwie aus der linksalternativen Szene ererbten Naturkult aufführte, ließ ich immer das Fenster offen. Im Winter schneite es tatsächlich auf meinen Schreibtisch. Damals hatte ich den *Zauberberg* noch nicht gelesen. Hätte ich damals bereits den *Zauberberg* gelesen, hätte ich sicherlich zu husten angefangen und gedacht, möglicherweise erwirbst du dir auch eine Lungenkrankheit, direkt vor dem Fenster, und wirst dann selbst Literatur. Es ist schon erstaunlich, wie ein Mensch im Jahre 1985 (ich) immer noch so viel mit Lungenkrankheit zu tun haben konnte, nämlich durch Lektüre. *Zauberberg*, Dostojewski, Marcel Proust, wer es nicht an der Lunge hatte, konnte ja eigentlich gar nicht mitreden. Vielleicht ließ ich auch deshalb das Fenster offen.

Hätte ich damals Udo Jürgens gehört, hätte ich das Fenster vermutlich schnell zugemacht, damit keiner hört, dass ich gerade Udo Jürgens höre. Als kleines Kind übrigens habe ich wirklich Udo Jürgens gehört, und zwar freiwillig, das habe ich dann erst etwa fünfunddreißig Jahre später wieder gemacht. Als Kind habe ich eine »3 mal 9«-Schallplatte meiner Mutter aufgelegt (wer weiß noch, was eine »3 mal 9«-Schallplatte ist?), und am liebsten hörte ich das einzige Udo-Jürgens-Lied auf dieser Platte: *Siebzehn Jahr, blondes Haar*. Ich war damals sechs oder sieben. Damals wurde dieses Lied zum Grundmuster meines Lebens. Das erste Mädchen, das mit mir schlief, war zwar fünfzehn, also eigentlich zwei Jahre zu jung für das Udo-Jürgens-Sprach- und Denk-Universum, aber es hatte immerhin blondes Haar. Dieses erste Mädchen hat mich bis heute geprägt, ich bin jetzt siebenundvierzig. Noch heute sind Mädchen für mich eigentlich fünfzehn und haben blondes Haar. Siebzehn kam mir damals, als ich sechs, sieben war, natürlich vor wie geschätzte fünfzig oder sechzig. Das waren einfach Erwachsene. Alte. Als ich fünfzehn war und Sex mit Fünfzehnjährigen hatte, war das Lied von Udo Jürgens längst aus meinem Bewusstsein entschwunden. Als ich siebzehn war, hatte ich dann eine wundervolle Liebschaft mit einer Achtunddreißigjährigen. In die Udo-Zeitrechnung konnte ich mich also nie richtig einklinken, und was das Lied für mich damals, als ich sechs oder sieben war, bedeutet haben mag, kann ich nicht mehr eruieren. Etwas, was siebzehn Jahr alt war und blondes Haar hatte, war offenbar etwas Wünschenswertes. (Ich habe ja auch die *Bacardi*-Werbung früher nie so recht verstanden, und die Zigarettenwerbungen auch nicht. Ich wusste zwar immer, dass das begehrenswerte Dinge waren, aber nie warum.)

Nun wurde es also Winter, und ich dachte an Markus Lanz. Ich habe keinen Fernseher, aber ich habe eine Bekannte, Nina, eine Lehrerin aus dem Gießener Raum, mit der ich in den letzten Jahren zu Udo Jürgens' Konzerten zu gehen pflegte. Manchmal schickt sie mir Links. Einmal schickte sie mir einen Link zu einer Talkshow von Markus Lanz mit Udo Jürgens. In dieser Talkshow sagte Udo Jürgens einen Satz, der für mich sofort bedeutsam wurde. Ich muss dazu sagen, dass ich Markus Lanz bis zu diesem Link nicht kannte und bis heute auch nicht viel mehr über ihn weiß als seinen Namen und dass er Südtiroler ist, was man ihm in der Sendung aber nicht angehört hat. Er versuchte in dieser Zwei-Mann-Talkshow eigentlich ständig, Udo Jürgens zu unterbrechen. Aber Udo Jürgens, dieser damals, ich glaube mit achtundsiebzig Jahren, völlig in sich ruhende Mann (womöglich war er auch leicht angetrunken), schaute so dermaßen mild und verständnisvoll auf diesen jugendlich Aufgeregten, dass es eine philosophische Wonne war. Lanz also fragte Jürgens, was für dessen so blendendes Aussehen verantwortlich sei. Udo Jürgens antwortete, meiner Erinnerung nach, erst einmal dahingehend, dass er weder aufgehört habe zu trinken noch auf irgendeine andere Weise Spaß zu haben. Aber!, sagte er, aber eines sei vielleicht in diesem Zusammenhang zu erwähnen: Er dusche kalt. Er dusche immer kalt. Und dann sagte er diesen Satz, über den ich erst einmal lange nachdachte, der für mich zuerst nur Theorie war, bei dem ich aber nach einigen Wochen in die praktische Probephase überging. Udo Jürgens sagte: »Kalt duschen bringt einen so richtig nach vorn.«

Dieser Satz ist etwas ambivalent formuliert. Das Nach-vorn-Bringen kann man so oder so verstehen. Es empfehlen zwar unzählige christliche und vor allem katholische bzw. pietistische Gläubige immer wieder, eiskalt zu duschen, um gerade nicht nach vorn zu kommen. Wer aber Udo Jürgens in diesem Moment gesehen hat (78, bei Markus Lanz), der spürte die Ambivalenz des Satzes.

Ich habe zugegebenermaßen wochenlang am Kaltduschen geübt. Am Anfang ging es gar nicht. Dann nur ein paar Sekunden. Später ging es länger, und heute springe ich in jeden angeeisten See. Ich bewerte Hotelzimmer inzwischen dahingehend, wie kalt das Wasser ist. Auch mein Umzug nach Hamburg war ganz gut, weil das Wasser in meiner neuen Dusche wesentlich kälter ist als im mediterranen Frankfurt am Main, wo ich früher immer gewohnt habe.

Als ich Udo Jürgens diesen Satz sagen hörte, fiel mir natürlich gleich das bekannte Sprichwort ein, das lautet: »Den Säufer und den Hurenbock, den frierts im dicksten Winterrock.« Damals beschloss ich, von Udo

Jürgens zu lernen. Der Mann war deutlich älter als ich, aber ich spürte eine gewisse Seelenverwandtschaft. Seit damals dachte ich jeden Tag an Udo Jürgens, nämlich immer beim Duschen. Meistens sang ich dabei munter: *Heute beginnt der Rest deines Lebens*. Munter, denn ich hielt ihn ja offenbar für unsterblich. Ich sang den ganzen Refrain, das war mein Zeitmaß für die Dusche. Meine Frau war davon nicht begeistert (sie musste es ja hören). Aber selbst die Haut wurde wieder jünger. Und nackt unter der Dusche im eiskalten Wasser an einen Mann zu denken, bringt einen heterosexuellen Menschen tatsächlich nur auf eine der beiden besagten Weisen nach vorn.

Jetzt ist jedes morgendliche Duschen ein Totengedenken. Die früher mitschwingende Ironie und Munterkeit ist gänzlich weg. Auch unter der Dusche hat er uns allein gelassen. Jetzt singe ich *Heute beginnt der Rest deines Lebens* und weiß, wovon das Lied wirklich handelt. Vom Nachsterben.

Neulich erhielt ich eine SMS

Neulich (am 27. 2.) erhielt ich eine SMS von meinem Bruder aus Berlin. Es handelte sich wieder einmal um eine Todesnachricht. Immer wenn jemand stirbt, brummt es in meiner Tasche.

Mein Bruder ist fünf Jahre älter als ich. An Weihnachten erwischte es ihn diesmal eiskalt, denn er besuchte mich über die Feiertage in Frankfurt, d. h. vier Tage nachdem es wegen Udo Jürgens in meiner Tasche gebrummt hatte (21. 12.). Mein Bruder bekam also den ganzen Frankfurter-Apfelweinwirtschafts-Sermon über Udo Jürgens ab, obgleich er mit Udo Jürgens nichts anfangen kann und dieser ihm völlig egal ist. Zur Erinnerung: Es waren die Tage, als der halbe deutschsprachige Raum an einem Udo-Jürgens-Tinnitus litt. Nicht nur überall in den Läden, die man betrat, war aus dem Radio Udo Jürgens zu hören, auch nachts dudelte der Kopf stundenlang alles von Udo Jürgens, was man kennt. Bei mir dauerte dieser akute Tinnitus ca. zwei Wochen. In der ersten Januarwoche wurde es langsam besser.

Natürlich baute mein Bruder im Verlauf der Weihnachtstage die übliche Front gegen Udo Jürgens auf. Für ihn war er bloß ein Schlagerstar, und da mein Bruder selbst ausgebildeter Marxist und ein exzellenter politischer Demagoge ist, konnte er auch den sozial- und zivilisationskritischen Kämpferauftritten von Udo Jürgens nur ein müdes Lächeln abgewinnen. Udo Jürgens = Teil des Systems.

Eigentlich hatte sich mein Bruder bei uns in Hessen erholen wollen. Sein Lebensweg bis hin zum Weihnachtsfest 2014 in kurzen Worten: Das früheste Zeugnis aus seinen Händen, von dem mir berichtet wurde, war die Saturnrakete, die mein Bruder zeitgleich zur Mondlandung mit sechs Jahren baute (Revell) und die meine Schwester gleich wieder zerstörte. Frühkindliche Erinnerungen, die ich an ihn habe, zeigen nie ihn selbst, sondern Fernsehfiguren, zum Beispiel Commander Straker aus der Sci-Fi-Serie *UFO*, der bis heute bekannt ist durch seine wasserstoffblonde Frisur. Mit Lego wurde in unserer Familie die Mondstation aus der Serie nachgebaut. Dann kam der 27. Mai 1972, ein Samstag. Ich habe dieses Datum schon vor Jahren und noch in meiner Vorinternetzeit rekonstruiert, heutzutage geht das natürlich auf Knopfdruck. An diesem Tag gab es ausnahmsweise keinen Bundesligafußball, denn zur Vorbereitung des EM-Turniers und zur Einweihung des Münchner Olympiastadions hatte am Vortag das Spiel BRD – Russland stattgefunden. Deshalb wurde keine Sportschau geschaut, sondern der andere Kanal, das ZDF. Mein Bruder stand damals zehn Tage vor seinem zehnten Geburtstag (Udo Jürgens war damals 38). An diesem Tag sah er ihn zum ersten Mal: Mr. Spock (zu der Zeit 41).

Ab Raumschiff Enterprise hatte mein Bruder einen geraden braunen Pony, und er wurde immer mehr zum Techniker und Logiker. Für die Fleischmann-Modelleisenbahn entwarf und lötete er alle Schaltungen selbst. Er schrieb Programme für Taschenrechner, besaß als Erster im Landkreis einen Pet 2001 (das war der erste bezahlbare Homecomputer, noch lange vor dem Commodore 64), gründete mit siebzehn oder achtzehn Jahren seine erste Softwarefirma, floh 1981 mit seiner Firma über Nacht nach Westberlin, weil er aus dem Atombunker, in dem er seinen Ersatzdienst leistete, infolge von Hinweisen auf gewisse Missstände wegen angeblicher Zersetzung rausflog und am nächsten Tag der Gestellungsbefehl für die Bundeswehr kommen sollte. In Berlin startete die Firma durch, Geschäft immer größer, zeitweise Dutzende Angestellte, Filialen in New York, San Francisco. Ich komponierte für seine Computerspiele die Musik und machte gutes Geld, da war ich sechzehn, siebzehn.

Schnitt. Von alldem ist nichts geblieben. Heute lebt mein Bruder auf dem Existenzniveau eines Fahrradkuriers. Microsoft etc. konnte er nicht überleben. Und als aufklärerischer Marxist und permanenter Optimierer von Betriebsabläufen macht man sich auch in Berlin nicht unbedingt beliebt.

Es ist nun so, dass sich dieser ganze Lebenslauf eigentlich von Spock her erklärt. Mein Bruder ist sozusagen die realweltliche Ausformulierung dieser Figur. Mein Bruder ist die Beantwortung der Frage: Was wäre aus Mr. Spock geworden, wäre er hier und jetzt geboren, das heißt, genauer gesagt, im Juni 1962 in Bad Nauheim in der Wetterau, und zwar an der Stelle meines Bruders. Die SMS, die mir mein ansonsten ganz und gar unpathetischer Bruder am 27. 2. schrieb, lautete: »spock ist tot. der wichtigste mensch meines lebens.«

Um zu ermessen, was diese SMS aus den Händen meines Bruders bedeutet, muss man sich nur Spock beim Schreiben einer solchen SMS vorstellen. Sicher würde er diese SMS, und zwar aus zwingend logischen Gründen, nur einmal in seinem Leben schreiben, denn der Superlativ würde von ihm, dem Sprachkorrekten, natürlich ernst genommen. Vor allem erwartet man eine so empathische SMS nicht alle Tage von einem Spock. Man weiß: Schreibt Spock so eine SMS, dann hat das nichts mit unserer normalen Gefühlsduselei zu tun. Vielmehr ist es dann ein Faktum. Und als Faktum ist es beweis- und analysierbar.

Analyse: Lassen wir Logik, Technik und Distanz zu Gefühlen mal außer acht, das sind ja die gängigen Spock-Klischees, und gehen wir gleich zum richtigen Gedankenspagat über: Mein Bruder ist durch Spock Marxist geworden.

Natürlich ist er in erster Linie durch Marx zum

Marxisten geworden. Aber als er kurz vor seinem zehnten Geburtstag stand, kannte er Marx noch nicht, es sei denn als Schimpfwort (wir kommen aus einem CDU-Haushalt).

Das Erste, was meinen Bruder prägte, war technische Machbarkeit. Es wurde ihm durch die Serie Raumschiff Enterprise, sagt er, zwar keine utopische sozialistische Gesellschaft vorgeführt, aber eine Gesellschaft, deren technische Möglichkeiten so weit gediehen waren, dass sie a) sich selbst versorgen konnte und b) Arbeit dafür weitgehend überflüssig geworden war. Die Ressourcen standen allen zur Verwertung offen, und der Umweg über Geld, Schaffung von Mehrwert und Arbeitskraft war nicht mehr nötig. (Hm, und was ist mit all den Minenarbeitern auf den fremden Planeten, machten die das freiwillig?)

Mit der Zeit festigte sich bei meinem Bruder die – wie wir heute wissen – nicht ganz falsche Einsicht, dass wir die Stufe der technisch machbaren Vollversorgung von Gesellschaft oder gar Menschheit spätestens in den Siebzigerjahren erreicht hatten. Allein, es hapert bei der Verteilung. Wieso hapert es bei der Verteilung? Es hapert aufgrund von Partikularinteressen. Partikularinteressen sind bei kompletter Versorgungsmöglichkeit allerdings was? – genau: unlogisch. Eine ganze Reihe humaner Affekte sind unlogisch: Machtstreben, Streben nach außergewöhnlichem Reichtum etc. Mit Spock gedacht, sind es also die menschlichen

Seiten am Menschen, die dem Menschen Probleme bereiten (!). Da laut dem Spock'schen Gesetz der Einzelne weniger wichtig ist als die Allgemeinheit, ist es also was, wenn der Einzelne sich selbst, aber nicht die Allgemeinheit zur Maxime macht? Richtig! Unlogisch.

Seitdem verfolgte mein Bruder zwei Wege in seinem Denken. Erstens war sein Sci-Fi-gestützter Geist ständig damit beschäftigt, vernünftige Konzepte für dies und das zu entwickeln. Etwa für den Individualverkehr (der so, wie er jetzt läuft, was ist? Richtig! Unlogisch!). Geld lehnt er ohnehin ab, das kann man ja auch verstehen. Im Geld sind all die schönen unlogischen menschlichen Affekte aufgehoben, eingekapselt und quasi steril verwahrt. Aber sie sind eben drin. Und kommen irgendwann wieder raus, und zwar ziemlich geballt.

Der andere Weg war der politisch-ökonomische, mein Bruder wurde zum Spezialisten in Sachen Marx. Heute kann mein Bruder wunderbar jeden Fehler dieser Welt erklären. Dass die Welt weiterhin ständig alle ihre Fehler begeht und darunter auch den größten ihrer Karriere, den Kapitalismus, kann er allerdings nicht erklären, denn das ist nichts anderes als – unlogisch.

Das ist mein Bruder. Ein einziger Vernunftappell an die Menschheit, allerdings vorläufig noch ohne realpolitische Auswirkungen. Auch auf dem Raumschiff ist Spock ja nur Erster Offizier, aber nicht Chef. Der Chef des Raumschiffs ist ein egobesessener, halbwegs sexsüchtiger, adrenalingesteuerter Haudrauf. Das könnte man jetzt wiederum auf die gesamte Menschheit beziehen. Aber darüber hat Rainald Goetz neulich schon einen Roman geschrieben, das muss ich hier nicht nochmal tun.

Spock ist also ein nicht gerade vieldimensionales Wesen. Mit Heidegger und Geworfenheiten etc. hätte er nicht viel am Hut gehabt. Das wäre ihm zu unlogisch gewesen. Das Laster hat er nicht hochleben lassen. Doch nun ist er tot.

Hier muss nun Udo Jürgens ins Spiel kommen. Udo Jürgens ist der komplette Anti-Spock. Er ist auch kein Captain Kirk, also der rotzfreche Draufgänger, der die Macht hat. Er ist natürlich auch nicht Doktor McCoy, obgleich er auch von ihm gewisse Züge trägt. Udo Jürgens hätte sich sicherlich nicht mit Sulu überworfen, und es ist vermutlich jedem klar, dass er von Uhura nicht die Finger gelassen hätte. Er hätte sowieso von den ganzen Kurzrockdamen im Raumschiff nicht die Finger gelassen. Und das nun ist eine erste Annäherung an Udo Jürgens als das außergewöhnliche Kulturphänomen der letzten Jahrzehnte. Raumschiff Enterprise funktionierte wie die griechische Mythologie. Die Rollen in der Antike waren verteilt, abgegrenzt, die Welt war zwar chaotisch aufgrund der unterschiedlichen Temperamente der Götter, aber zumindest doch leicht fassbar. Enterprise war ähnlich strukturiert: Irgendwann wurde Spock mal wieder logisch, McCoy warf ihm daraufhin Gefühlskälte vor, Kirk entschied am Ende, und die Rothemden waren schon nach fünf Minuten alle tot.

In Udo Jürgens ist nichts geschieden. Er hat sich auch nie für eine Seite entschieden. In Udo Jürgens wurde alles immer zusammengedacht und zusammengelebt. Weil der Person Udo Jürgens nicht an Zersplitterung von Sein und an Parteiungen gelegen war, hat sie auch die sogenannte Mitte nicht aufgegeben. Mitte ist eigentlich unmöglich. Mitte steht für gar nichts. Mitte sind die Mitläufer. Ein Biermann nahm entscheidend Partei. Der wagte was, der sagte was. Hannes Wader kämpfte auch auf den Barrikaden. Udo Jürgens dagegen sang *Lieb Vaterland*, (»Konzerne dürfen maßlos sich entfalten«), im nächsten Augenblick aber schon wieder *Es wird Nacht, Senorita* (»Nimm mich mit in dein Bettchen«). Andere wurden Wissenschaftler, entwickelten Theorien, oder sie wurden mächtig, gingen in die Wirtschaft, in die Politik und in andere Bordelle. Bei Udo Jürgens ist das alles zeitgleich zu denken, aber nicht so, dass die Gegensätze sich dadurch aufheben und unsichtbar werden bzw. austarieren, sondern im Gegenteil. Im guten Sinne steht Udo Jürgens für alles und nichts zugleich und ist damit das unextreme, weil nicht ins einzelne Extrem gehende Abbild unserer Menschenwelt. Und weil er nicht in ein einzelnes Extrem geht, was ja Vereinfachung, Strukturierung und Sublimierung bedeutet, sondern in alle Extreme zugleich, ist er mehr als alles andere das extremste Abbild dieser unserer selbstgeschaffenen Menschenwelt. Um zu verstehen, wie Udo Jürgens als Erzählung über uns funktioniert, können wir ihn zum Beispiel in eine Raumschiff-Enterprise-Szene übersetzen. Erst das ganze Rollenspektrum würde ihn abdecken.

Kirk-Jürgens: Sollten wir nicht diesen Planeten da unten retten, er wird von einer zutiefst inhumanen, mörderischen Rasse besiedelt, die dazu noch die ganze Luft vergiftet und den Boden verpestet etc.?

Spock-Jürgens: Captain, wir müssen einsehen, dass die Menschen so sind, wie sie sind. Jeder hat ein Recht, zu sein, wie er ist. Das ist die oberste Direktive.

McCoy-Jürgens: Sie gefühlloser, ausgetrockneter Automat, sehen Sie nicht, dass es sich um fühlende Wesen handelt, die da unten zugrunde gehen?

Sulu-Jürgens: Captain, neuer Kurs?

Scotty-Jürgens (über Bordfunk): Der Antrieb ist kaputt, aber ich tue, was ich kann. Man darf die Hoffnung nicht aufgeben. Heute beginnt der Rest unseres Lebens.

Chekov-Jürgens (sagt nichts, schaut Uhura auf die Beine, summt *Siebzehn Jahr, blondes Haar*).

Na ja, so ganz geht das doch nicht auf. Wenn ich mir den so aufgesplitterten Udo Jürgens auf der Enterprisebrücke vorstelle, habe ich seltsamerweise eine ganz andere Vorstellung. Das Raumschiff würde dann einfach seinen Betrieb einstellen. Jeder würde nur noch tun, wozu er gerade Lust hätte. Ich habe da tatsächlich so eine 68er-Vision, mit ziemlich viel Party, ein paar Drogen, alle sind ziemlich leicht bekleidet, und es wird alles ziemlich bunt zugehen. Auch das ist Udo Jürgens: Mit ihm wäre niemals ein Staat zu machen gewesen, und erst recht kein ordentlicher Raumschiffbetrieb. Aber das ganze Chaos hätte er wunderbar und vor vielen Tausenden Leuten bei stets ausverkauften Konzerten auf die Bühne gebracht und dabei ziemlich viel Geld verdient. Mein Bruder wäre an ihm verzweifelt. Er wäre nach Vulkan zurückgekehrt.

Neulich habe ich den Mann mit dem Fagott gesehen

Neulich habe ich *Der Mann mit dem Fagott* gesehen.

Ich komme aus einer Steinmetzfamilie. Wir hatten großen Grundbesitz, zumindest für unsere Verhältnisse in Friedberg in der Wetterau. Nicht zu vergleichen mit den Bockelmann'schen Besitztümern in Kärnten und Norddeutschland. Aber immerhin um die dreißig Arbeiter. Wie jede Familie mit größerem Grundbesitz bei uns in der Gegend wurde auch unsere Familie nach der Stilllegung der Firma durch eben jenen Grundbesitz zerstört.

Je größer der Grundbesitz, in desto kleinere Verästelungen der Familie und noch bis in die Enkel- und Urenkelgeneration hinein pflanzt sich gewöhnlich der Erbvernichtungsstreit fort. Und da die Menschen heutzutage wesentlich länger leben als früher, hocken nun auch mehr denn je ganz verschiedene Generationen auf ein und demselben Erbe herum und zerfleischen sich deshalb ohne Rücksicht auf Alter und Würde.

Udo Jürgens hat im Übrigen bei diesem Wettstreit des »Ich-lebe-länger-als-du« letztlich gar nicht mitgemacht. Das ist erstaunlich, denn ich dachte immer, bei ihm gehe es darum, nicht nur älter als alle anderen zu werden, sondern dies auch auf eine besonders gesunde und juvenile Weise zu tun. Und dann stirbt er einfach schon mit achtzig, was ihm noch einen Tag vorher wohl niemand auf der Welt zugetraut hätte.

Als am 21. 12. um 18.11 Uhr die Nachricht auf meinem Telefon erschien, hätte jeder gestorben sein können, Merkel, Obama, Putin; Lindenberg, Grönemeyer, Maffay; Ganz, Mühe, Sander (die letzten beiden waren ja sowieso schon tot): Bei niemandem hätte mich die Nachricht so erstaunen und verwunden können (verwunden, nicht nur verwundern) wie bei Udo Jürgens. In Wahrheit focht er nämlich für mich, und das wurde mir erst im Augenblick seines Todes bewusst, einen titanenhaften Kampf, und zwar gar nicht einmal nur den letztlich banalen Kampf gegen Alter und Tod. Er focht den Kampf gegen die Anmaßung, die im Alter und im Tod steckt. Burschikos streckte er Alter und Tod eigentlich permanent den Mittelfinger entgegen, und seine Lippen murmelten dazu: Fick dich, nicht mit mir.

In meiner Stammkneipe Zu den drei Steubern in Frankfurt kamen sogleich Theorien auf, kaum war er tot. Die eine Theorie lautete: Drogen. Die letzte Tour habe Udo ja gar nicht durchstehen können, ohne jeden Abend seine Linie zu ziehen. Und weil, anders als bei Christoph Daum, die Spuren diesmal wirklich akkurat beseitigt werden sollten, wurde er nach einer sehr ungewöhnlich kurzen Frist von nicht einmal 48 Stunden schon final beseitigt, also verbrannt. Da ja sein Bruder Arzt ist, hatte dieser über die Verwaltung des Jürgens'schen Todes die Oberhoheit und konnte das alles so hinter der Hand und so weiter. Zweite Theorie: Selbstmord. Das ist die Theorie derer, die ihm sowieso immer alles geneidet haben. Auf der Bühne habe er noch den dicken Max gemacht, aber privat eh keinen mehr hochgekriegt, sei ganz vereinsamt, depressiv gewesen wahrscheinlich, und das verlogene Spiel des tollen Udo habe er in der Öffentlichkeit sowieso schon zu lange gespielt, und jetzt, wo der Zahn der Zeit tatsächlich an ihm nagte, sei er gleich fahnenflüchtig geworden, der alte Feigling da in seinem Bademantel. Und weil sein Bruder ja Arzt sei, habe er ihn ehrenhalber gleich beseitigen lassen, damit man nichts nachweisen kann.

Ich habe zu diesen Theorien nichts gesagt. Ich sage nie etwas zu Theorien, und schon gar nicht in meiner Stammkneipe. Eine Stammkneipe ist dazu da, dass in ihr Theorien entwickelt werden, aber nicht, dass man dort Theorien widerspricht. Deshalb habe ich auch nichts zu dem seltsamen Phänomen gesagt, dass Udo Jürgens' Bruder von beiden Seiten zum *Arzt* gemacht wurde. Bekanntlich ist Manfred Bockelmann aber Maler, und kein Arzt. Sagt ja schon das Udo-Jürgens-Lied (*Mein Bruder ist ein Maler*).

Ich wollte aber von Erbstreitigkeiten sprechen. Nein, ich wollte eigentlich von dem Film *Der Mann mit dem Fagott* sprechen. Das Einzige, was mir von meiner Familie geblieben ist, nachdem die Aasgeier durchgezogen waren, ist das sogenannte Herrenzimmer meines Großvaters mütterlicherseits, des Firmenchefs. Schreibtisch, Sessel, Bücherschrank und Sitzgruppe. Tatsächlich sieht es bei mir zuhause aus wie vor einigen Jahrzehnten und noch vor dem Bauhaus. Da durften Möbel noch wuchtig sein. Als ich noch in Bad Nauheim wohnte, hatte ich aus dem Haus meiner Großmutter eine Art Museum gemacht, alles sollte möglichst so aussehen wie zu der Zeit, als meine Großmutter noch das Haus bewohnt hatte. Wo ich lebte, lebte ich ja immer nur als Gast. Als ich dann nach Frankfurt zog, nahm ich das Herrenzimmer mit. Allerdings fuhr ich zu der Zeit auch noch zum Keltern in meine Heimat zurück und war sowieso noch hin und wieder in der Wetterau. Jetzt aber lebe ich in Hamburg. Hier gibt es keine Heimat mehr. Hier gibt es jetzt nur noch das Herrenzimmer meines Großvaters.

Neulich also lief ich über die Grindelallee und blieb vor einem Schaufenster stehen. Ich hatte, wie immer in Hamburg, kein Ziel. Ich kenne hier ja keinen Menschen. Ich rede hier am Tag maximal mit einer Person: meiner Frau. Aber die hat auch nicht oft Zeit. Ich kenne in Hamburg ganze drei Leute, habe aber auf meiner Anrichte sieben Bembel stehen. Es gibt in meinem Leben also inzwischen mehr Bembel als Menschen. So weit ist es gekommen.

Ich lief planlos über die Grindelallee auf der Suche nach einem sonnigen Winkel, wie ein Insekt oder ein Kafka'scher Käfer. Ich wollte mich einfach nur dahin stellen, wo ein wenig Sonne hätte sein können. Es gibt manchmal sehr wenig Sonne in Hamburg. Und so sah ich dieses Schaufenster und darin für 7,99 Euro den *Mann mit dem Fagott*. Ähnlich wie Chaplin als Tramp, wenn er auf dem Boden einen Essensrest findet und sich dann damit verstohlen um die nächste Ecke buckelt, damit keiner sieht, wie er verschwindet – ähnlich zog ich mit der gekauften DVD davon, obgleich ich doch diesen Plastikkram hasse.

Zwei Stunden später steht im Film Udo Jürgens bei seinem Onkel in Hamburg in dessen Büro- und Herrenzimmer. Es ist der Tag, an dem Udo Jürgens später am Abend in einer Hamburger Kneipe sitzen wird und im Radio Shirley Bassey hört, wie sie – ein Lied von ihm singt. Der Tag seines internationalen Durchbruchs. Am Nachmittag aber steht der Film-Udo-Jürgens wie gesagt noch bei seinem Film-Onkel im Büro, während ich in meinem Hamburger Real-Herrenzimmer an meinem Laptop sitze und den Film schaue, und der Onkel sitzt am Schreibtisch und erklärt seinem Filmneffen, dass heute Abend – leider – eine Gesellschaft, wichtig, Vorstandsvorsitzende, Aufsichtsräte, also diese korrupten Popanze aller Art, bei ihm zum Essen geladen sei, und der kleine Udo ohne Ausbildung und Karriere möge doch bitte dem Abend fernbleiben, sich irgendwo amüsieren (in Hamburg!), und dafür gibt ihm der Onkel zwanzig Mark, glaube ich. Oder waren es nur zehn?

Mir hat niemals ein Onkel Geld gegeben. Der Onkel, zu dem ich am meisten Kontakt hatte, war geburtsbehindert und versoff immer gleich jedes Geld. Der wollte eher Geld von mir. Als ich so alt war wie Udo Jürgens in jener Szene, sechsundzwanzig, war meine Großmutter bereits tot und das Herrenzimmer verwaist. Meine Eltern schafften es zu sich in den Mühlweg, denn meine Schwester sollte im Haus der Großmutter einziehen, und das hätte sicherlich kein Möbelstück überlebt. Deshalb räumten sie das Haus vorher lieber aus. Am Herrenzimmer hängt im Grunde die gesamte Geschichte der Bolls, drei Generationen, erst die Firma, dann der Krieg, anschließend unsere amerikanischen Besatzer, die zwölf Jahre an diesem Schreibtisch saßen, während Elvis Presley zeitweilig drei Häuser weiter wohnte. Später der Weltmarkt, die Konkurrenz, die Abwirtschaftung, die Schließung, der finale Streit um das Firmengelände, der Tod der Großmutter. Bis zuletzt hatte eine Fotografie ihres Mannes Wilhelm auf dem Schreibtisch gestanden. Er war bereits 1967 gestorben. In Hamburg hängt seine Fotografie jetzt neben dem Schreibtisch. Das Bild stammt aus dem Jahr 1926. »Meinen lieben Eltern zu Weihnachten« steht darauf. Da war ich minus einundvierzig Jahre alt. Demnächst bin ich plus achtundvierzig.

Ich kam also von meinem einsamen Gang auf der Grindelallee nach Hause, saß an meinem Schreibtisch neben meinem Großvater, sah den Film, sah Udo Jürgens das Zimmer seines Onkels betreten, und was sehe ich, als ich das Zimmer des Onkels sehe? Meinen Schreibtisch. Udo Jürgens Film-Onkel sitzt an genau meinem Herrenzimmerschreibtisch, an dem ich gerade den Film schaue. Der Schreibtisch, an dem ich fast alle meine Romane geschrieben habe und meine ganze Ortsumgehung. Da ich an dem Tag schon ein paar Gläser Apfelwein getrunken hatte (ich lasse ihn nach Hamburg liefern), war ich dementsprechend gerührt. Mein nach Hamburg geratener Schreibtisch – der letzte Rest meiner Familie – meiner Herkunft … wo finde ich ihn wieder? Bei den Film-Bockelmanns im Film-Hamburg.

Ab sofort hat mein Schreibtisch Symbolcharakter. Er ist für mich jetzt das, was jene Skulptur, der Mann mit dem Fagott, für die Bockelmanns war. Das Symbol der dritten Generation. Alles passt: Udo Jürgens wurde nicht mehr Vorstandsvorsitzender oder Bankier, sondern Musiker (Symbol: Fagott), ich Schriftsteller und nicht mehr Steinmetz (: Schreibtisch).

Neulich in der Vorweihnachtszeit

Neulich also starb Udo Jürgens. Auch für mich war die Vorweihnachtszeit hart. Im Dezember war ich hauptsächlich in Frankfurt, und die Tage waren noch exzessiver als sonst vor Weihnachten. Es ist nun einmal sehr wärmend, auch innerlich, in der Dezemberzeit in Frankfurt in den diversen Apfelweinwirtschaften herumzustehen, von allen Beteiligten geht ein Leuchten aus, ähnlich wie jenes, das zeitgleich vom Apfelwein in den Schoppengläsern ausgeht. Jeder ist plötzlich damit beschäftigt, sich mit jedem nochmal »vor Weihnachten« zu verabreden. »Sehen wir uns vorher noch?«, ist die Standardfrage. Das führt auf etwas merkwürdige Weise dazu, dass man vor dem 24. 12. eigentlich Tag für Tag in jeder Wirtschaft ständig fast alle Bekannten sieht, die man so hat. Und so war auch der 21. 12. ein Tag des Hineinfeierns, des Auf-Weihnachten-zu-Feierns, des »Sehen wir uns vorher noch?«-Feierns. Wahlweise trifft man sich auch zufällig auf dem Weihnachtsmarkt (meistens beim Bockbierstand oder bei Malou, der Elsässerin) oder auf dem Wochenmarkt auf der Konstablerwache bei Günther Sattler vom Odenwälder Sonnenhof. Nach den Weihnachtstagen sind wir einer Kur bedürftig, und je älter wir werden, desto gefährlicher wird all das.

Der 21.12. war zufällig auch noch ein Sonntag. Der Sonntag vor Weihnachten ist sowieso immer die Hölle. Alle Wirtschaften knallvoll. Und überall dieses Licht, das irgendwann eine geradezu russische Atmosphäre erzeugt und einem so lustvoll in der Seele schmerzt, dass es kaum auszuhalten ist. Es ist genau so ein kitschiger Effekt wie jener, als Udo Jürgens' Großvater im *Der Mann mit dem Fagott*-Film auf dem Bremer Wochenmarkt den Mann mit dem Fagott sieht, wie er diese kleine, stereotype Melodie bläst. Die hat auch diesen Schmerz und dieses Licht. Es ist ein einziges Klischee. Ich glaube, es können sowieso nur Klischees so ein Licht und so einen Schmerz erzeugen.

Sonntag wiederum bedeutet Buchscheer. Ich saß um 18.11 Uhr am Stammtisch, jeder Platz war belegt an diesem vierten Advent (18.11 Uhr: der Moment, als das Telefon brummt, um mir einen Toten zu verkünden). Meine Frau und ich hüteten in Frankfurt ein Haus von Bekannten. Der Sonntag muss so verlaufen sein, dass wir uns am Mittag bereits alle, also die ganze Apfelweinsaufgruppe Frankfurt-Sachsenhausen, mehr oder minder zufällig im Hof der Buchscheer zum Adventsgrillen getroffen hatten. Da steht man mit dem Schoppenglas im Hof, isst Wurst, trinkt erste Schnäpse und ist noch angeschlagen vom Vorabend. Am Vorabend (Samstag) müssen wir im Gemalten Haus und im Wagner gewesen sein, das heißt, im Wagner war ich wahrscheinlich allein, da geht meine Frau nicht mit. Im Wagner steht man beim Stehschoppen und knobelt. Knobeln ist ein wirklich einfaches Spiel, und am Ende wird Schnaps getrunken. Am Nachmittag war ich wahrscheinlich in der Buchscheer gewesen und hatte dort das Spiel Leverkusen – Frankfurt verfolgt, und am Mittag hatten sich alle (ich kann mich nicht daran erinnern, aber es muss so gewesen sein) auf dem Markt an der Konstablerwache getroffen. Davor war ich bei Jens Becker in der Apfelweinhandlung in der Brückenstraße gewesen, da gibt es samstags ab 12.00 Uhr traditionell Wasserweck und Wurst (Worscht). Wiederum am Abend zuvor stand ich spät in der Nacht noch mit dem Buffetier vom Wagner und dem Verleger Joachim Unseld in irgendeiner mir unbekannten Bahnhofswirtschaft herum, nachdem wir gerade meine Frau vom Zug aus Hamburg abgeholt hatten. Als Theologin muss sie ja arbeiten. (Als Schriftsteller muss man nur schreiben.) Vorher waren wir beim Spenglermeister Jörg Binder gewesen. Jörg Binder hat blondgefärbte Haare und sieht aus wie eine Mischung aus Campino und einem Frankfurter Spenglermeister. Jörg Binder ist einer dieser Menschen, die alles selber machen. Er hat sich unter anderem einen Ofen in den Hof gebaut. Seit er diesen Ofen hat, backt er am letzten Freitag vor Weihnachten immer Pizza. Seine Freundin heißt Carmen und ist ebenfalls blondgefärbt. Zusammen heißen die beiden »die Blondies«. Kurz gesagt, wir waren also an diesem Tag alle bei den Blondies, und den schönsten Auftritt hatte H. Er stand am Tisch (wir knobelten und tranken Schnaps), und irgendwann fällt H., steif wie eine Latte, nach hinten um, hält sich am Stehtisch fest und nimmt diesen mitsamt allen Schnapsgläsern mit.

Bei mir fing dieser Tag übrigens damit an, dass in meiner kleinen Frankfurter Restwohnung ein Fenster kaputtging. Ja, jetzt fällt es mir wieder ein, denn vor den Blondies war ich bereits im Gemalten Haus gewesen, da mich mein Cheflektor am Morgen angerufen und gefragt hatte, ob wir uns nicht im Gemalten Haus treffen könnten. Des Fensters wegen kam ich zu spät. Zu den Blondies wollte er nicht mit. Ich war übrigens angeschlagen vom Vorabend.

Am Vorabend (Freitag) hatte Wolfgang Wagner, der Wirt meiner Lieblingsgaststätte Zu den drei Steubern, seinen letzten Abend gehabt, bevor er für Weihnachten zusperrte, da waren wir natürlich auch alle. Ein Jahr vorher, an Wolfgangs letztem Tag vor Weihnachten 2013, hatte ich noch in Frankfurt gewohnt und den schweren Fehler begangen, mir nachts um zwölf den letzten Fünfliterkanister Apfelwein an den Fahrradlenker zu hängen. Als der Chirurg im Krankenhaus mir für das Nähen eine Betäubung geben wollte (ich habe neuerdings eine etwa 7 cm lange Narbe über dem linken Auge), habe ich verblüfft gefragt: Wozu? Er nähte dann unter Protest einfach so. Der Apfelweinkanister war leider bereits im Notarztwagen ausgelaufen, den irgendwelche Passanten ohne mein Zutun gerufen hatten.

Auch im Jahr 2013 war am nächsten Tag übrigens Pizza bei den Blondies gewesen (und am Tag danach Adventsgrillen in der Buchscheer). Die Fotos sehen lustig aus.

Kurz gesagt, Weihnachten ist eine üble, gefährliche Zeit, und bei gewissen Gemütern legt sich gegen Jahresende sowieso ein bleiernes Gewicht auf die Seele. Ein Gegenbild war natürlich immer Udo Jürgens. Der Mann lebte sozusagen ewig, und ewig war er von der Zeit unangreifbar. Ich muss übrigens sagen, dass um 18.11 Uhr für einen winzigen Moment auch mein erster Gedanke war, dass es sich nur um einen Selbstmord handeln könnte. Das war für mich in dieser Sekunde spontan die einzig logische Erklärung (ich hatte ja bereits wieder neue Konzertkarten in der Tasche). Für einen Moment stand die Person Udo Jürgens auf der Kippe. Es ist wie mit Zinedine Zidanes Kopfstoß, mit dem dieser 2006 seine Karriere beendete und zugleich ins Absurde und irgendwie nachträglich Schiefe entrückte. Mit diesem Stoß wurde eine ganze Karriere umgedeutet, man liest Zidane seitdem vom Stoß aus rückwärts. Hätte sich Udo Jürgens umgebracht, achtzigjährig, körperlich top in Schuss (er wirkte nur ein bisschen müde und stets wie leicht angetrunken zum

Schluss), dann hätte man das tatsächlich als Fahnenflucht auslegen können, die ganze Karriere hätte nicht als die des ewig jungen Göttergeliebten dagestanden, also nicht als die eines Menschen, der einfach vor allen anderen von Natur und Schicksal aus den Vorzug bekommen hat, nicht als die eines Menschen, der wie Aeneas oder eine ähnliche Figur aus der Antike mit halbem Fuß in der Götterwelt steht und schon auf Erden irgendwie stets im Himmel aus und ein gehen darf. Nein, sie hätte als die Karriere eines bloßen Hedonisten dagestanden. Für einen Moment dachte ich das, für einen Moment war dieser Zweifel da. Ich hatte ihn im Verdacht. Ich sah für einen Moment einen Tod vor mir, den wenige Monate später Fritz J. Raddatz sterben würde. Ich saß um 18.11 Uhr in der Buchscheer und sah für eine Sekunde einen Fritz-J.-Raddatz-Tod als Udo-Jürgens-Tod (auch wenn ich ihn noch nicht so nennen konnte, Raddatz war ja noch nicht tot).

Aber nein, Udo Jürgens starb einen exakten Udo-Jürgens-Tod. Einen Tod, der ihn haargenau wiedergibt und auf den Punkt bringt, so wie etwa Schopenhauers Tod Schopenhauer auf den Punkt bringt, und seine ganze Philosophie mit dazu. Schopenhauer setzte sich einfach aufs Sofa und starb. Es war, als habe er sich entschlossen, jetzt mal in seiner Vorstellung ganz von der Welt und seinem Willen Abstand zu nehmen. Sein Tod war eine quasi buddhistische Gelassenheit. Udo Jürgens dagegen starb einfach beim Leben. Er lebte und starb. Er geht essen, dann ein bisschen spazieren, und es hätte noch Jahrzehnte so weitergehen können, und es hätte genauso gut auch zwanzig Jahre vorher passieren können. Gestorben beim Lebensvollzug.

Um 18.11 Uhr brummte also mein Telefon. Ich bekam zwei Nachrichten. Die erste lautete: »Er ist tot.« Die zweite lautete: »Udo Jürgens ist tot.« Die erste Nachricht hätte gereicht. Sie kam von Nina, der Lehrerin aus dem Gießener Raum, mit der ich zu den Konzerten zu gehen pflegte. Beim letzten Konzert standen wir nebeneinander, und sie sagte plötzlich aus dem Nichts: »Es ist diese radikale Emotionalität.« Sie sagte es nach etwa einer Stunde Konzert und hatte damit eigentlich die Udo-Jürgens-Formel gefunden. Udo Jürgens als völlig gelebte Gegenwart. Das große Ja. Der Tod spielte in seinen Liedern keine Rolle. Auch mein verstorbener Verleger war kein Todesmensch. Goethe angeblich auch nicht.

Am 21.12.2014 verließ mich etwas. Irgendetwas Konstantes, immer Vorausgesetztes, eine Art Präsupposition. Mein Leben ging stets davon aus, dass es Udo Jürgens gibt, und ich war absolut überzeugt davon, dass der Mann es ins Heesters-Alter schafft. Aber siehe da, auch das wäre nicht Udo Jürgens gewesen. Udo Jürgens ist der sofortige Abtritt ohne Verzug und Wehmut, ein Tod einfach so. Ungewollt. Und als solcher sozusagen nicht einmal ungewollt. Eher völlig indifferent. Mit einem solchen Tod ist man begabt.

Vielleicht liest man nun Udo Jürgens doch auch in gewisser Weise rückwärts. Diese radikale Emotionalität, die, wie wir jetzt wissen, von Anfang an begabt war mit diesem Tod. Der endgültige Gewinn von Leichtigkeit im einundachtzigsten Jahr. In einem Alter, in dem andere einfach alt werden. Bevor er alt wurde, starb er. Wofür andere nur siebenundzwanzig Jahre haben (zuletzt Amy Winehouse), dafür hatte er achtzig Jahre. Udo Jürgens ist vermutlich der älteste Mensch auf Erden gewesen, auf den der Spruch zutrifft: Wen die Götter lieben, den holen sie früh zu sich. Man kann den Mann drehen und wenden, wie man will, irgendwie ist die ganze Konstruktion der Person Udo Jürgens unangreifbar.

In der Buchscheer begannen sie dann an den Tischen die Lieder zu singen. Es war historisch, und jeder wusste es. Jeder der Buchscheergäste wird immer wissen, dass er in der Buchscheer saß, als Udo Jürgens starb. Im Augenblick seines Todes war es jedem unzweifelhaft geworden: Etwas Großes war gegangen.

Neulich fiel mir meine Jugend ein

Neulich fiel mir auf, dass niemand in meiner Jugend Udo Jürgens gehört hat. Meine Jugend war die einzige Udo-Jürgens-lose Zeit meines Lebens.

Vermutlich aus folgendem Grund: Wie jede Jugend war auch meine eine Zeit der musikalischen Parteiungen. Die Menschen in meinem Leben neigten überall dazu, Parteien zu bilden. Schon in jedem noch so kleinen Dorf gab es bei uns stets zwei rivalisierende Kinder- bzw. Jugendbanden. Sie steckten sich irgendein Erkennungszeichen an oder trugen bestimmte Kleidungsstücke, um sich von der anderen Gruppe abzugrenzen, und hauten sich dann gegenseitig die Köpfe ein. Später begannen sie die eine oder andere politische Partei zu wählen und hauten sich im Stadtparlament oder am Stammtisch die Köpfe ein.

Bundesweit war zu meiner früheren Zeit alles in rechts und links bzw. christdemokratisch und sozialdemokratisch bzw. konservativ und – jetzt fällt mir doch das Gegenwort nicht ein! – unterteilt, das eine war immer gut und das andere immer böse. Die eine Seite dachte immer über die andere, dass man denen quasi das Hirn aus den Köpfen gelöscht haben musste.

Kontinental oder weltweit teilten wir uns in die Sieger- und die Verlierermacht, also in jene Partei, die den Krieg gewonnen hatte, und in die, die ihn nicht gewonnen hatte. Hier gab es natürlich verschiedene Untergruppierungen. Zwar war Deutschland klar der Verlierer des letzten hiesigen Hinhauens, und die Amerikaner und die Russen waren die Gewinner (England und Frankreich lassen wir mal außer Acht). Aber da es zwei Gewinner nicht geben konnte, hatten sie schon lange vor meiner Kindheit den Kalten Krieg erfunden, ein kriegstechnisches Patt. Der Kalte Krieg war eine Art Laufsteg, mit Schaulauf-Konkurrenz darauf. Allerdings war die Sowjetunion bei diesem Schaulaufen nie über ein Graue-Maus-Image hinausgekommen. Die Russen probierten es in dieser Leistungsschau immer wieder, mit Gagarin, mit olympischen Medaillen usw., aber zum Mond kamen sie trotzdem zu spät, und laut den Aussagen sämtlicher Zeitzeugen hatten die Amerikaner schon 45 die schickeren Uniformen. Wir hatten mehr Autos! Wir durften uns »frei« bewegen! Hat irgendwer hier jemals einen Russen beneidet? Hat je ein Amerikaner einen Russen beneidet? Was ist unser Bad Homburger Ivan Rebroff gegen unseren Bad Nauheimer Elvis Presley gewesen? Wir hatten ja nicht mal einen richtigen Russen!

Und um der Geschichte eine Nase zu drehen, waren wir, die BRD, zwar Teil des Niederlagenreiches, aber zugleich auf der Seite des Siegers bei jenem Schaulaufen, nämlich der USA. Deshalb konnte jemand wie ich, auch wenn wir verloren hatten, trotzdem wie der Sieger herumstolzieren, denn es gab ja auch noch die DDR und überhaupt den ganzen Ostblock, also die grauen Mäuse dort drüben, die eh keiner wollte und die wir alle bemitleideten. Eine größere Form der Erniedrigung war kaum denkbar: ein Land, das ein anderes Land komplett bemitleidete.

Eben dieses gemeine Schicksal erlitt die DDR. Die DDR unterlag schon beim allgemeinen Schaulaufen, war also stets der Verliererdepp, aber kaum wechselte sie auf die Seite der Gewinner (zu uns) herüber, musste sie begreifen, dass wir nicht gekommen waren, um die DDR zu sanieren, sondern um uns zu sanieren, und zwar auf Kosten der DDR. Den Frust, den das erzeugte, konnte man sich hierzulande lange wohl gar nicht vorstellen. DDR-Bürger = ewiger Verlierer. Das ist, wie wenn du endlich aus den Klauen der bösen Stiefmutter entkommst, deine wahren Verwandten findest, und die sind auch alle sehr nett und locker und aufgeschlossen, kaufen dir Strapse und Wäsche und stellen dich gleich in die Auslage ihres Bordells. Kassieren tut die Verwandtschaft. Dumm gelaufen, andere Verwandte hast du ja nicht mehr!

Die größte Parteiebene weltweit und über alle Jahrhunderte hinweg, also am meisten Zeit wie Raum umspannend, ist die Religion. Religion hat bei den meisten Menschen mitnichten etwas mit Reflexion, Philosophie und Transzendenzerfahrungen zu tun, oder wenigstens mit einem irgendwie spirituellen Bedürfnis, sondern einfach mit Parteizugehörigkeit. Bislang lebten wir diesbezüglich sozusagen noch auf Dorfebene, und die Einzigen, die sich gegenseitig die Köpfe einschlugen, waren die Protestanten und die Katholiken, das ging eine Generation vor mir noch richtig zur Sache. Mein Großvater kam aus einer von vier katholischen Familien innerhalb des ansonsten protestantischen Friedberg. Damals hieß es noch, wer unsere gotische Stadtkirche betritt (evangelisch), begehe eine Todsünde. Manche glaubten, sie würden beim Betreten auf der Schwelle tot umfallen.

Dann, kurz vor meiner Geburt, Zweites Vatikanum, haben wir angefangen, so zu tun, als sei Religion das Friedlichste überhaupt.

Nun sind aber zum Beispiel ein Fußballverein und seine Anhängerschaft einer Religionsgemeinschaft bis in die Mikrostruktur hinein ausgesprochen ähnlich. Bei einer Religionsgemeinschaft gibt es Theologen, Priester, Professoren, also die, die für die Theorie und die praktische Anleitung zuständig sind, das sind, übertragen auf den Fußball, die jeweiligen Vorstände, die Trainer, die Aufsichtsräte usw. Dann gibt es die Laien, die Fans. Diese können sich in unterschiedlichen Strukturen zusammenfinden, die einen geben Zeitschriften heraus, theologische, ökumenische, Fanzines, die anderen hauen sich als Fundamentalisten oder Ultras mit den Fundamentalisten oder Ultras anderer Vereine bzw. Religionsgruppen die Köpfe ein. Bei der Religion wie beim Fußball hauen die aus der Theorie-und-Praxis-Abteilung eher selten zu, dies tun hauptsächlich die intellektuell weniger bedarften oder einfach von Natur aus aggressiveren Teile des Fußvolks.

So scheidet sich alles stets in Parteien, auf jeder Gesellschafts- und Zivilisationsebene und durch alle Zeiten hindurch. Von Christen und Muslimen über Wagnerianer und Brahmsianer bis hin zu, sagen wir, Frankfurtern und Offenbachern.

Sehen Sie, wie dagegen der Hase bei Udo Jürgens läuft? Begreifen Sie nun, wieso in meiner Jugend keiner, wirklich keiner je Udo Jürgens gehört hat?

Und so sehe ich heute immer die Plattenfirmenchefs von damals, wie sie sich die Hände reiben, während wir in Ockstadt auf dem Kirschberg sitzen, einen batteriebetriebenen Radiorecorder (als Vorstufe des Ghettoblasters) dabeihaben und uns völlig gewiss darin sind, dass wir Led Zeppelin, Deep Purple, Motörhead oder Pink Floyd hören, weil das »einfach unsere Musik« ist, weil das »einfach gute Musik« ist, weil die »für etwas steht«, weil die »unser Lebensgefühl« oder was auch immer darstellt. Und fünfzig Meter weiter sitzt die andere Gruppe, die Gegengruppe, und hört Zeug, das sich kein Mensch anhören kann, also so etwas wie Sweet oder Smokie oder T-Rex. Sie hören das allerdings aus genau denselben Gründen, nämlich weil es

»einfach ihre Musik« ist, weil das für sie »einfach gute Musik« ist, weil die für sie »für etwas steht«, weil sie ihr »Lebensgefühl« und so weiter und so weiter. Und wie durch eine Zauberkugel sehen die Plattenbosse uns da sitzen und reiben sich vor Gewinnfreude die Hände.

Lebensgefühl ist einfach immer Scheiße. Lebensgefühl ist immer Verarsche. Bei Lebensgefühl glaubt man immer, es gehe um Freiheit, aber es geht immer ums Geld. (Udo Jürgens hat mir nie ein Lebensgefühl verschafft.)

Zu solchen Dingen, aus denen sich Gruppenzugehörigkeit, aus denen sich Identifikation und Abgrenzung gebiert, zu solchen hat die Musik von Udo Jürgens nicht beigetragen. Sie war eben immer vollendeter Mainstream. Weil sie für gar nichts Besonderes stand, hatte man den interpretatorischen Umweg erfunden, diese Musik als Schlagermusik abzutun, also als Musik für die, die das hören, was man nicht nur selbst nicht hört, sondern gegen das man sich nicht einmal abgrenzen muss, weil es sowieso nicht infrage kommt.

Deshalb wurde Udo Jürgens nicht gehört. Und die, die später in ihrem Leben zu ihm hingingen, haben das vermutlich nicht zuletzt gemacht, um vor dem üblichen, oben geschilderten Parteiungs-Schwachsinn einfach mal ihre Ruhe zu haben. Udo Jürgens, die komplette Nicht-Partei.

Neulich ging ich in einen Hamburger Laden

»Damals, als er anfing, sechsundvierzig, war das Werk ein großer Haufen Schutt.«

Udo Jürgens, *Gefeuert*

Neulich versuchte ich mal wieder, eine Udo-Jürgens-Platte zu kaufen. Ich ging in einen Hamburger Laden, die Plattenrille, Grindelhof 29. Ich wohne unweit davon. Es ist überhaupt ein beliebtes Viertel. Um die Ecke wohnt der Schauspieler Jens Harzer, und selbst Günter Grass soll hier eine Wohnung gehabt haben. Tagsüber ist alles voller Studenten, abends ist alles leer. In der Nähe gibt es eine Musikhochschule, die sich nach dem Dezember 2014 eminent gegen die Idee wehrte, die Straße, in der sie beherbergt ist, könnte in »Udo-Jürgens-Straße« umbenannt werden. Ich fand den Gedanken eigentlich charmant, denn es handelt sich um die zum Alsterufer führende Milchstraße, in der die allerteuersten Restaurants hier in der Gegend angesiedelt sind. Das Gebiet ist übrigens auch nicht weit von dem Ort entfernt, wo Hamburg mitten ins Ultrareichengebiet ein Flüchtlingslager bauen will. Das hat die AfD-Anteile in unserem Stadtteil bei der letzten Wahl natürlich hochgetrieben. Ich habe allerdings nicht AfD gewählt (hätte Udo Jürgens auch nicht gemacht). Ich habe auch nicht CDU gewählt (das hätte Udo Jürgens gemacht). Ich habe Protest gewählt. Mehr noch, ich habe diesmal (sonst gehe ich ja nicht wählen) nicht nur ausschließlich Protest gewählt, sondern auf den Listen dann auch nur ausländisch klingende Namen angekreuzt, türkische oder arabische.

Neulich, es war noch vor Udo Jürgens' Tod, saß ich in Wien mit dem Leiter des dortigen Literaturhauses auf einen Heurigen zusammen. Wir kennen uns schon ewig, das heißt aus der Zeit, als ich mit Udo Jürgens noch nichts zu tun hatte. Ich wusste, dass Robert Huez, so heißt der Leiter, früher mal ein Peter-Maffay-Projekt gemacht hat. Damals saß er noch im beschaulichen Lana in Südtirol (dem Land, aus dem solche Giganten wie Reinhold Messner oder Markus Lanz stammen). Er hatte eine Peter-Maffay-Coverband, spielte Westerngitarre und sang mit seinem tiefen Bass Maffay. Ich habe ihn als Maffay zwar nie gehört, und Maffay singt ja auch eher Bariton, glaube ich, aber es muss beeindruckend gewesen sein, denn Robert Huez hat eine noch tiefere Stimme als Gunter Gabriel. Als ich zum ersten Mal mit Robert Huez telefonierte, dachte ich: Mann, was für eine Stimme! Er ist übrigens nicht viel größer als Maffay, der seinerseits wiederum ein Gigant ist verglichen mit Freddy Quinn. Freddy Quinn ist körpergrößenmäßig der Zwillingsbruder von Kylie

Minogue. Wenn Freddy Quinn mit Udo Jürgens aufgetreten wäre, hätte man wohl mit einem Podest arbeiten müssen.

Ich fragte Robert Huez damals in Wien, wie er denn zu Udo Jürgens stehe. Und siehe, da trat mir wieder der Sponti-links-Jürgens entgegen. Ich habe ja die Theorie, dass Udo Jürgens so vielfältig existiert, in so verschiedene Udo-Jürgens-Teile aufgespalten ist, die alle ein eigenständiges Leben im Kopf der verschiedenen Zuhörer führen, dass es fast nicht angeht, von *dem einen* Udo Jürgens zu sprechen. Meine Großmutter väterlicherseits z. B. hat Udo Jürgens auf folgendem Niveau gehört: Sie schaute jedes Jahr die Peter-Alexander-Show und dachte bis an ihr Lebensende, *Die kleine Kneipe in unserer Straße* sei von Udo Jürgens. *Die kleine Kneipe* warf sie immer mit *Griechischer Wein* durcheinander. Sie trennte da nicht weiter. Und Lieder wie *Lieb Vaterland* nahm sie überhaupt nicht zur Kenntnis. Mein Vater erzählte immer, dass ihm früher, wenn draußen in Frankfurt die Deportationsmärsche durch die Stadt geführt wurden, seine Mutter gesagt habe, er solle sich wegdrehen und da nicht hinschauen. So verhielt sich eine zukünftige Peter-Alexander-Hörerin. Und nur als Peter Alexander war für sie Udo Jürgens möglich. Ganz anders Robert Huez (der in Hamburg bei der Bürgerschaftswahl wahrscheinlich genauso gewählt hätte wie ich). Für ihn war Udo Jürgens der Sozialkampf-Udo. Der politische Aktivist. Sozusagen der Einbruch der Fünften Kolonne ins bürgerliche Leben, noch vor Wolf Biermann. Mit Songs wie *Gefeuert* saß Udo Jürgens damals sogar bei Ilja Richter in der Disco-Sendung. Schon bei der Vaterlandsbeschmutzung *Lieb Vaterland* hätten ihn gern einige erschossen, den Udo Jürgens, der vorher doch Everybody's Darling gewesen war, als er den Grand Prix d'Eurovision für Österreich geholt hatte, gerade einmal vier Jahre zuvor, 1966. Und dann beschmutzt dieser Rest- und Rumpf-Österreicher auch noch unser Vaterland (das Cover der Originalsingle zeigt eindeutig bundesdeutsche Farben) und singt von den dicken Managerbossen auf genau dieselbe Weise, wie es zehn Jahre später die in der westdeutschen Linksalternativbewegung so beliebte Gruppe Bots tun würde mit den leicht ironischen Zeilen: »Wir träumen von einer Revolution hier / doch wer will schon, dass dabei Blut fließt.«

Robert Huez muss zur Zeit von *Gefeuert* etwa elf Jahre alt gewesen sein. Da kommt einen durch Udo Jürgens die Realität plötzlich ganz hart an, auch wenn man in dem Alter von diesen brisanten Themen vermutlich genauso wenig verstanden haben dürfte wie von solchen Liedern wie *Siebzehn Jahr, blondes Haar*. Das ist ja das Wesen der Musik: Man hört sie früh, sie ist einem immer voraus, und wenn man sie später eingeholt hat (weil man selbst gefeuert ist oder auf einer siebzehnjährigen Blondine herumliegt bzw. sie auf dir), kann man sich fragen, ob man nicht durch die frühgehörte Musik so vorprogrammiert wurde, dass alles Weitere nur eine Konsequenz aus ihr ist. So wie meine Mutter ja immer zu sagen pflegte, man solle nicht Nietzsche lesen, weil der so negativ ist und einen verderbe. Über Schopenhauer sagte sie dasselbe. Und seit *Lieb Vaterland* hat sie vermutlich auch Udo Jürgens nicht mehr gehört. Vielleicht war sie ja schon immer von Udo Jürgens beleidigt und auf dem falschen Fuß erwischt, denn als *Siebzehn Jahr, blondes Haar* herauskam, war sie bereits einunddreißig, blond war sie sowieso nie gewesen, hatte bereits zwei Kinder (mich noch nicht), und mein Vater hatte schon eine Sekretärin, also kurz: Es war sowieso schon alles vorbei im Jahr 66.

Ich habe mich schon wieder um die Ecke geschrieben. Ich wollte eigentlich über die Schwierigkeiten schreiben, sich Udo-Jürgens-Platten zu kaufen. Es hat etwas mit dem Vollständigkeitszwang zu tun. Der Wunsch nach Vollständigkeit und Udo Jürgens – beides steht in einem problematischen Verhältnis zueinander und hat auch etwas mit dem Suhrkamp Verlag und seinem Archiv zu tun. Aber das muss ich beim nächsten Mal ausführen.

Neulich dachte ich über das Problem der Vollständigkeit nach

Neulich dachte ich über das Problem der Vollständigkeit nach. Als Kind war ich wesentlich autistischer als heute und sehr ordnungsliebend. Vollständigkeitswahn entwickelte ich aber anfänglich nicht. Ich weiß noch sehr genau, dass ich z. B. nie meine Legosteine zählte. Sie lagen einfach ungeordnet in einer Schublade und durften sogar von meinem Bruder benutzt werden. Mein Bruder und ich bauten Türme, Wild-West-Forts, Raketenbasen, meine Schwester zerstörte alles wieder, wir bauten wieder auf, die Kindheit war eher kreisförmig als linear, ähnlich wie die Weltwirtschaft. Wachstum und Zerstörung im ewigen Wechsel.

Zum ersten Mal wurde Vollständigkeit wichtig durch Asterix. Es kam die Zeit, da konnte und wollte ich ohne Asterix nicht mehr leben, da war ich gerade in die Grundschule gekommen. Ich habe durch Asterix lesen gelernt, Thomas Mann und Dostojewski etc. kamen erst viel später.

Asterix: Ich musste alle Hefte haben. Stand nicht auf ihnen hinten immer drauf »Man muss sie einfach alle haben!«? Ich hatte als kleines Kind ein Köfferchen, orange-weiß bedruckt mit orangefarbenen Kanten, da haben die Hefte genau reingepasst, und auf Reisen (ich habe als Kind Reisen gehasst) musste ich das Köfferchen mit den Asterix-Heften geradezu an mich klammern und mich beruhigen, indem ich Asterix las. Vollständigkeit bei Asterix hieß: bis Band 24.

Später gab es andere Vollständigkeitszwänge. Ich musste zum Beispiel die Beatles vollständig haben. Da war ich zwölf und John Lennon noch gar nicht tot. Als John Lennon starb (er wurde halb so alt wie Udo Jürgens), saß ich abends zur HR-Sondersendung in meinem Kinderzimmer, zwei Stunden dauerte die Sendung, möglicherweise von Werner Reinke moderiert. Oder war es WDR 2, Mal Sondock? Ich weiß noch, wie eine Spinne (wie ich sie nie mehr gesehen habe) an der Wand hinter der Heizung hervorkroch. Sie war ganz dünn, filigran, eigentlich auch nicht groß, also wie John Lennon, aber sie hatte an einer Stelle ihres Körpers eine riesige Blase, so groß wie ein Golfball. Ich nahm meinen Schlappen, meinen hessischen Hausschuh, und tötete sie. Es spritzte unglaublich. Es spritzte in alle Richtungen. Der Fleck an meiner Wand war mindestens dreißig Zentimeter groß. Das war mein ekelhaftestes Spinnenerlebnis. Am Tag, als John Lennon erschossen wurde.

Mein Bruder las Perry Rhodan. Auch das war auf Vollständigkeit angelegt. Damals waren sie etwa bei Heft 1000. Heft 1000 erschien eineinhalb Monate bevor John Lennon erschossen wurde. Zwei Wochen vor dem Erscheinen war Lennon vierzig Jahre alt geworden. Udo Jürgens war zu diesem Zeitpunkt bereits sechsundvierzig Jahre alt. Spock achtundvierzig. Heute sind sie bei Perry Rhodan bei Heft 2807. Kann man mal ausrechnen: Wer also PR von Anfang an auf Vollständigkeit gelesen hat, hat bislang (2807 mal 64) schlappe 179 648 Seiten Perry Rhodan gelesen. Solche Leute gibt es!

Später musste ich Thomas Mann vollständig haben. Meine Schallplatten gab ich irgendwann alle weg. Ich dachte, ich würde jetzt nur noch klassische Musik hören. Das ging auch tatsächlich ein paar Jahre so. Jetzt habe ich wieder alle Beatles-Alben. Man kauft nur zweimal.

Das Suhrkamp-Archiv! Es war auch nach dem Prinzip Vollständigkeit angelegt. Im Suhrkamp-Archiv wurde einfach alles gesammelt, nicht nur die Manuskripte und Entwürfe der Autoren. Der Verlag hatte sich unten im Keller in der Lindenstraße komplett selbst gesammelt, d.h. jede Werbung, jedes Plakat, jeden Flyer, jeden Leporello, Jahr für Jahr. Der Verlag hätte jedes Jahr seiner Existenz, jedes Frühjahrs- und jedes Herbstprogramm in allen Details und Aktionen jederzeit wiederauferstehen lassen können. Keine Fan-Sammlung hätte vollständiger sein können als das Suhrkamp-Archiv – bis zum Verkauf des Archivs nach Marbach. Als die Marbacher kamen, war ich zufällig unten im Keller und sah unter anderem Rilke und

Frisch, die Originale. Der Verlag hat immer alles bewahrt und damit das gemacht, was ich auch immer als Einziges in meinem Leben wollte: immer alles bewahren.

Im Wendland, genauer gesagt in Lüchow, saß ich letztes Jahr öfter bei Ulli Schröder an der Theke und trank Guinness. Ulli Schröder ist bekannt, denn er betreibt ein Rolling-Stones-Museum. Es gibt eine weltweite Stones-Börse. Überall wird verkauft, getauscht, gehandelt, und die Leute wissen beängstigend gut Bescheid noch über das entlegenste ehemalige Konzert-Plakat. Ich weiß nicht, ob irgendwo auf der Welt ein Mensch eine solche Udo-Jürgens-Sammlung hat. Ich habe allerdings, als ich neulich versucht habe, mir wieder einmal eine Udo-Jürgens-Platte zu kaufen, gemerkt, dass man sich bei Udo Jürgens kaum einen Überblick über das Werk verschaffen kann. Es ist zwar einigermaßen zu rekonstruieren, wann wo welche Platte und, später, CD herausgekommen ist, aber allein die Anzahl der Liveplatten ist für mich unüberschaubar, und es gibt auch keine Szene, in der man etwa an Fachleute geraten könnte, die sich in Udo Jürgens unter dem Prinzip Vollständigkeit eingearbeitet hätten. Ich kenne zumindest keine solche Szene. Man bekommt das auch nur noch, zumindest zum größten Teil, in den Secondhand-Läden. Es müssen um die hundert Plattenausgaben sein, die da im Umlauf sind. Dazu unzählige Anthologien. Ich finde es tausendmal leichter, mir etwa bei den Beatles einen Überblick zu verschaffen, vor allem, weil es da ja schon lange eine Kanonisierung gibt. Für einen Vollständigkeitsautisten wie mich ist Udo Jürgens eine absolute Qual. Im Grunde bin ich bei ihm auf das angewiesen, was mich schon als Kind immer so verunsichert hat: auf den Zufall.

Ich stelle mir vor, ich ginge auf Reisen und hätte, wie früher die kompletten Asterix-Bände bis Heft 24 in meinem Köfferchen, nun den kompletten Udo Jürgens dabei. Ich bräuchte vermutlich einen Hänger. Und so stehe ich da, nackt und bloß, ungeschützt, und kann nach Udo Jürgens immer nur heischen wie nach dem besagten Zufall. In jedem Udo-Jürgens-Platten-Kauf ist vor allem eins enthalten: Die Unmöglichkeit von Vollständigkeit.

Neulich dachte ich über das Altern nach

Neulich dachte ich über das Altern nach. Nicht über das Altern an sich, aber über die Phänomenologie des Alterns. Ich hege nämlich neuerdings die Überzeugung, dass das Altern auf eine ganz gemeine Weise funktioniert und phänomenologisch äußerst geschickt vorgeht.

Das fängt schon damit an, dass man überhaupt erst ab einem gewissen Alter begreift, dass es Altern wirklich gibt. All die Wortlaute über das Altern, die man vorher, als junger Mensch, schon kannte, ohne weiter darüber nachzudenken, weil sie ja nichts mit einem selbst zu tun hatten, bekommen erst ab da einen anschaulichen Inhalt. Mit dem Altern verhält es sich insofern wie mit dem Glauben bzw. Nichtglauben. Der Glaubende hat ja auch keine anderen Worte in seinem Sprachschatz als der Nichtglaubende. Aber für Ersteren sind sie mit Sinn erfüllt, für den Nichtglaubenden nicht. Die Wortlaute selbst bleiben völlig gleich.

Und so gab es natürlich das Altern dem Wortlaut und gewissen Erzählungen nach für mich auch schon, als ich Kind war. Ich hatte ja eine Großmutter und darüber hinaus auch noch eine Urgroßmutter, die sich anfänglich um mich gekümmert hat.

Aber genau hier fängt die Gemeinheit an. Wenn du ein Kind bist, gibt es zwar jede Menge alte Leute, aber kein Altern, denn sie sind ja schon alt, und für dich als Kind ist es so, als seien sie schon von Ewigkeit her alt gewesen. »Die Oma war schon immer alt.« Auch wenn du weißt, dass es sich anders verhält, auch wenn du Fotos aus ihrer Jugend siehst, so hast du doch keine lebendige Anschauung davon. Dass die Oma mal jung gewesen ist, ist reine Theorie. Eigentlich ist die Jugendzeit deiner Großmutter so real wie ein Märchen. Für dich ist die Großmutter alltäglich das, was sie ist: alt. Das Altsein gehört personal zu ihr. In der Kindheit ist alles ewig und war schon von immer her so, wie es ist. So auch »die Alten«.

Dass die Alten sterben, ist am Anfang deines Lebens überdies auch gar nicht so beängstigend, einfach deshalb, weil man ja selbst nicht alt ist. Und da es Zeit eigentlich noch gar nicht gibt, ist der Tod von dir kategorial geschieden.

Das betrifft übrigens nicht nur die konkreten Menschen um dich herum, sondern – und gleich wird es noch hinterhältiger (man kann daran umso mehr erkennen, wie rhetorisch geschickt das Altern vorgeht, um dich zu täuschen und in Sicherheit zu wiegen) – es betrifft auch Kunst, Literatur, Unterhaltung, also einen Hauptteil unserer sogenannten *kulturellen Tätigkeiten*. Beispiel: Du liest Asterix, und Miraculix, der Druide, ist erkennbar alt (er hat ja einen Bart). Er ist alt schon von Ewigkeit her, denn du kennst ihn nur so. Es ist nun aber so, dass der Kunst-Miraculix im Gegensatz zu den konkreten Menschen um dich herum tatsächlich immer so bleibt, wie er ist. Und nicht nur das: Bist du fünfzig, sind die ganzen Alten aus deiner Kindheit längst weggestorben. Miraculix aber nicht. Er ist in seinem Alter festgefroren. Er wird auch dich überleben! Fast alle Kunstfiguren sind in ihrer Altersstufe festgefroren. Wer stirbt bei Dostojewski an Altersschwäche? Dostojewski-Romane umfassen meist nur den Zeitraum weniger Tage oder höchstens Monate, hierin funktionieren sie ähnlich wie Theaterstücke. Den Fürsten Myschkin sehen wir weder als Acht- noch als Achtzigjährigen, sondern immer nur in der Blüte seiner angekränkelten Jahre. Auch in Theaterstücken oder Opern ist nie Zeit zum Altern. Und ist mal einer moribund, ist er es sozusagen auch wieder von Ewigkeit her, nämlich seit Anfang des Stückes (es sei denn, man stirbt so schnell wie die Kameliendame bei Verdi, dann reicht für das Siechtum auch das letzte Drittel des Stücks). In der Malerei und Bildhauerei ist es noch schlimmer. Bildende Kunst ist ja gleichsam von der Definition her auf den Punkt genau eingefrorene Zeit. Selbst wer da todkrank ist, wird niemals sterben.

Und wo ist der Roman, der einen Menschen durch ein ganzes Menschenleben führte?

Schauen wir uns die *Buddenbrooks* an (immerhin

der *Verfall einer Familie*). Auch hier findet kein wirklich komplett durchgeführtes Altern statt. Der Roman unterteilt von Anfang an in die Jungen und die Alten. Konsul Johann Buddenbrook (Jean) und sein Vater gehören auf die Seite der Erwachsenen und Alten, zumindest hatten sie im Buch nie eine Jugend. Der Leser ist bei den Kindern. Diese werden zwar älter, aber werden sie alt? Thomas wird nach einem Zahnarztbesuch dahingerafft, und Christian ist am Ende zwar abgehalftert, aber keineswegs schon ein Greis. Für Christian interessiert sich der Erzähler übrigens recht zentral, aber schauen wir mal auf den alten Johann Buddenbrook. Er sitzt von Anfang an gleichsam nur als greise Mümmelfigur staffagenhaft in der Ecke und darf höchstens mal mit den Enkeln spielen. Die meisten Alten werden von den Literaten als Mümmelgreise in die Ecke gesetzt und bekommen nie eine Jugend und nie ein Leben.

Proust: Bemerkt man nicht den seltsamen Zeitsprung, der am Ende der *Recherche* geschieht? Die ganze Zeit ist der junge Marcel der junge Marcel, auch bei der Liebschaft mit Albertine wird er wohl kaum vierzig oder fünfzig Jahre alt sein. Zum Schluss des Mammutwerks läuft er aber durch eine plötzlich greisenhaft gewordene Gesellschaft und gehört selbst zum alten Eisen. Das hat zwar einen hübschen Abhalfterungseffekt (hierin den *Buddenbrooks* verwandt), aber wie soll das zeitlich möglich sein?

Auch Jesus Christus hat sich das Altern erspart. Möglicherweise fing der ganze Jugendwahn ja mit ihm an.

In der Kindheit und Jugend wie in der Kunst und Literatur gibt es also eigentlich kein Altern, vielmehr fast immer nur ein Altsein, das jeweils der Person zugerechnet wird wie eine Eigenschaft, wie die Körpergröße oder die Nasenform.

Wenn die Alten dir von ihrer Kindheit, ihrer Jugend und ihrem Leben erzählen, dann stimmt dich das zwar immer etwas wehmütig, und es kommt dir auch stets interessant vor, aber du verlagerst es in eine Frühzeit zurück, die so weit weg ist, dass sie Gegenstand der Paläontologie sein könnte. Als ich, sagen wir, zwölf Jahre alt war, im Jahr 1980, kam mir das Dritte Reich zeitlich in etwa so weit entfernt vor wie das römische Imperium unter Augustus. Die fuhren unter Hitler zwar alle schon Auto und telefonierten, aber dennoch. Dabei endete das Dritte Reich gerade einmal zweiundzwanzig Jahre vor meiner Geburt. Das heißt zugleich aber auch, dass die Kindheit meiner eigenen Eltern mir »irgendwie« so weit weg vorkam wie das römische Imperium. Sie sind ja gerade einmal zwei Jahre jünger als das Dritte Reich, Jahrgang 35. Du gewinnst also keine Anschauung von Zeit und Altern aus den Erzählungen deiner Vorfahren, denn du verortest sie in fernster Vergangenheit und hast »Zeit« noch gar nicht gelernt. Und es dauert lang, sehr lang, bis man Zeit lernt, denn solange man sie nicht gelernt hat, befindet man sich quasi noch in der Ewigkeit.

Irgendwann kommt dann der Punkt, wo dein Leben den Ewigkeitscharakter verliert (vorausgesetzt, du bist halbwegs durchgekommen und nicht schon längst dahingerafft). Du schaust jetzt auf eine Strecke zurück, die, von mittendrin betrachtet, eigentlich ewig war, die aber jetzt ganz kurz geworden ist. Ich z. B. schaue jetzt auf meine siebenundvierzig Jahre zurück. Das war eine ziemlich kurze Ewigkeit. Das weiß ich aber erst jetzt. Dem Wortlaut nach wusste ich es auch vorher schon, weil Leute ab einem gewissen Alter ja davon anfangen zu reden, wie kurz das hier alles ist (so wie ich es hier auch gerade tue). Aber der Wortlaut hatte eben keinen erlebten Inhalt, auch vor einigen Jahren noch nicht. Mir fällt hierzu immer folgender Vergleich ein:

Wenn du jung bist, wird dir Ewigkeit angeboten, das ist in etwa so, als würdest du dauernd von Sterneköchen bekocht und kulinarisch wie im Himmel verwöhnt. Nur leider funktionieren deine Geschmacksnerven nicht. Du kannst absolut nicht schmecken, was dir kostenlos dargeboten wird, und frisst es achtlos in dich hinein.

Dann kommt der Punkt, wo deine Geschmacksnerven plötzlich ihre Tätigkeit aufnehmen. Im selben Augenblick aber ändert sich mit intrinsischer Gemeinheit der Küchenplan, und du bekommst nur mehr Wasser und Brot. Jetzt kannst du nur noch mit Stielaugen verfolgen, wie die anderen, jüngeren die dir einstmals dargebotenen Köstlichkeiten achtlos verschlingen, und dass es ihnen genauso egal ist, wie es dir war, ist dir kein Trost, weil du jetzt zum ersten Mal *weißt*, was da vor ihnen steht.

Nächste Gemeinheitsstufe: Jetzt, wo du deine Ewigkeit verloren hast, bist du dauernd von Leuten umgeben, die in der Ewigkeit leben (die Jüngeren, die achtlos an der Sternetafel sitzen). Und alle anderen, die aus Kunst und Literatur, bleiben, wie sie sind, und altern einfach nicht weiter. Du wirst auch an ihnen vorbei nach hinten durchgereicht, das geht immer schneller.

Und weil du nun weißt, wie kurz deine Ewigkeitsjahre waren, ist dir natürlich umso klarer, was die Jahre bedeuten, die noch vor dir liegen: geradezu nichts.

Aber die Gemeinheit geht noch weiter. Zu deinem Personsein hat Altsein nie dazugehört, und es gehört jetzt auch nicht dazu, weil du ja inzwischen begriffen hast, dass das nur der phänomenologische Fehler der Jüngeren ist. Aber ein leider absolut allmächtig wirkender Fehler: Du bist jetzt nämlich einfach für sie alt. Das heißt nicht, dass du für sie jetzt alt *geworden* bist. Nein, nein! Es heißt einfach, dass du alt *bist*. Du = alt. Ich bin jetzt für die Jungen einer von denen, die von Ewigkeit her alt waren, denn sie haben Zeit nicht gelernt und genauso wenig eine innere Anschauung davon wie ich früher. Hören sie mein Geburtsjahr 1967, klingt es für sie wie für mich das Geburtsjahr meiner

Großmutter. Das ist keine Vergangenheit, das ist schon Vorvergangenheit. Tausend Jahre her, auch wenn wir immerhin damals schon Auto gefahren sind und telefoniert haben wie Adolf Hitler wiederum weitere tausend Jahre zuvor.

Auf diese Weise führt uns das Altern phänomenologisch an der Nase herum, um uns dann von einer Sekunde auf die nächste auszulachen. Denn plötzlich zieht es von allem den Vorhang weg, und du bist alt.

Aber auch das ist noch nicht alles. Schauen wir beispielsweise auf zwei bekannte Gestalten der europäischen Mythologie bzw. Kulturgeschichte, um zu zeigen, dass das Altern selbst die zu quälen versucht, die von ihm gar nicht erreicht bzw. nicht von ihm hinweggerafft werden können.

Da ist zum einen der unglückliche Tithonos, der Mann der wunderschönen Eos, der Göttin der Morgenröte. Die Geschichte läuft so: Eos liebte Tithonos, was sie den Gesetzen der griechischen Mythologie nach natürlich nicht getan hätte, wenn er nicht äußerst attraktiv und vermögend (nach Sappho: jung und schön) gewesen wäre. Sie erbat für ihn bei Zeus ewiges Leben, und Tithonos wurde ewiges Leben gewährt. Tithonos dürfte gejubelt haben: Mit der ohnehin unsterblichen und ewig jungen, rosenfingrigen Göttin würde er nun für immerdar leben und sie lieben können. Das stelle man sich mal am eigenen Leib vor, ein unfassbares Gefühl: Du bist, sagen wir, zwanzig Jahre alt, und du weißt, du wirst niemals sterben wie die anderen. Du kannst nun ewig so leben. Tithonos wuchs, vermute ich, zumindest vom Muskelbau noch ein wenig heran, wurde zu einem wirklichen Mann, immer imposanter, und schließlich stand er in der vollkommensten Blüte seiner Jahre – als perfekte Ausgabe seiner selbst (hatte ich etwa mit vierunddreißig Jahren). Später kommt dann das eine oder andere weiße Haar, und an den Ellbogen wirst du leicht faltig. Tithonos wird das mit einer gewissen Verwunderung hingenommen haben, denn nun war er schon merklich einige Jahre älter als Eos in ihrem ewig jungen Zustand. Die junge, schöne Frau und der reife Mann. Tithonos betrachtet nachdenklich seine Haut und weiß: Das ist doch gerade das Bindegewebe, das da bei mir nachlässt?! Was soll denn das?

Der klassischen Eos-Tithonos-Erzählung nach geht es so weiter, dass Tithonos immer älter wird, einschrumpft, immer kleiner wird, bis zum Schluss nur noch eine Art Zirpen von ihm zu hören und er auf die Größe einer Zikade eingeschrumpelt ist. Eos hatte einfach vergessen, neben ihrem Wunsch nach ewigem Leben für ihren Geliebten auch noch explizit dessen ewige Jugend mit einzufordern. Ich finde, das müsste man auch gar nicht unbedingt, man kann auch Verträge auf Treu und Glauben schließen. Aber das Altern kam sofort herbeigesprungen, rieb sich die Hände und sagte sich: An diesem Objekt werde ich meine

Gemeinheit aber mal so richtig demonstrieren. Und da er (Tithonos) nicht gestorben ist, so leben sie noch heute.

Die andere Gestalt aus der europäischen Kunst- und Kulturgeschichte, die zu nennen wäre, ist Udo Jürgens. Auch mit ihm versuchte das Altern auf hinterfotzige Art umzugehen, wobei Udo Jürgens eher als der umgekehrte Fall, der Anti-Tithonos, zu betrachten ist. Da das Altern Udo Jürgens nicht direkt erreichen konnte (da waren die Götter vor: er war mit achtzig noch so jung, dass sein jäher Tod überraschte wie bei einem viel jüngeren Menschen), piesackte ihn das Altern auf andere, nämlich auf philosophische Weise. Er wusste ja: Bald müssen doch endlich Alter und Tod kommen, jetzt habe ich schon so viele Jahre auf dem Buckel, fühle mich eigentlich pudelwohl, aber diese Zahl: 80! Da muss man sich doch mit dem Tod auseinandersetzen! Da muss man sich doch mit dem eigenen Altern auseinandersetzen! Udo Jürgens begann also, ohne eigentlich zu altern, in diversen Interviews über das Altern zu reden. Er reflektierte es, beschäftigte sich damit, erwartete es, philosophierte sich in es hinein und hielt das für seine altersgemäße Aufgabe, zumal er ja auch dauernd danach gefragt wurde. Er pflegte in den letzten Jahren auch stets zu sagen, er wolle dann nicht mehr auf der Bühne stehen, wenn es lächerlich würde. Er wollte nicht als Zikade auf der Bühne herumzirpen wie Johannes Heesters.

Das Absurde dabei ist: Udo Jürgens ist einfach so gestorben, ohne rechtes Altern. Er starb genauso plötzlich wie ein Zwanzigjähriger. Ein Zwanzigjähriger aber lebt in der Ewigkeit und muss sich über den ganzen Mist keinerlei Gedanken machen. *Ergo* hätte auch Udo Jürgens, hätte er gewusst, wie er sterben würde, sich keinerlei Gedanken machen müssen. Das heißt, *de facto* musste sich Udo Jürgens mit dem ganzen Komplex Altern gar nicht befassen. Er starb einfach vorher. Aber das hinterfotzige Altern hat ihm doch genau diese Gedanken in den Kopf gesetzt, denn alles andere wäre ja auch eine ziemliche Hybris von Seiten des österreichischen Sängers gewesen. Das heißt, das Altern hat, wenn nicht *körperlich*, so doch wenigstens *mental* versucht, auch ihm das Leben zu vermiesen. Auch ihm hing es in den letzten Jahren im Ohr und flüsterte und flüsterte: Zeit vergeht ... Zeit vergeht ... nimm dich in Acht ... pass nur auf! ... du wirst schon noch sehen! ...

So sehe ich Udo Jürgens in den letzten Jahren dasitzen und darauf warten, alt zu werden, weil ihm niemand sagte, dass er gar nicht alt werden, sondern jung sterben würde, wenn auch mit achtzig.

Und dennoch ist Udo Jürgens der Einzige, der dem Altern eine Nase gedreht hat. Am 21.12.2014 ist er ihm auf grandiose Weise – und wie nur er es konnte – einfach von der Schippe gesprungen.

Merci Chérie (I), Vorspiel und Hauptakt erster Teil

Neulich sprach ich mit jemandem über *Merci Chérie*, und mir wurde wieder klar, dass die Menschen zwar einen allgemeinen, oberflächlichen Eindruck von diesem Lied haben, aber keine wirkliche Vorstellung, worum es in dem Lied eigentlich geht. Sie sagen, es sei ein Liebeslied. Das stimmt, darin haben alle recht. Es handelt von Liebe.

Die Liebe unterteilt sich bekanntlich in Vorspiel und Hauptakt. Aus gegebenem Anlass wollen wir dann auch so unterteilen.

Vorspiel

Viele haben Helene Fischer dieses Lied singen hören, beim achtzigsten Geburtstag von Udo Jürgens. Manche halten das für die ultimative Version des Liedes, andere wiederum lehnen sie ab. Letztere mögen die Version hauptsächlich deshalb nicht, weil sie eine Art Hochleistungssport-Variante von *Merci Chérie* darstellt. Allerdings ist vermutlich auch genau das der unausgesprochene Grund der Gruppe eins, also der Helene-Fischer-Favorisierenden, diese Version zu mögen. Sie fliegt einem sozusagen um die Ohren. Auch Udo Jürgens war hingerissen von dieser Version. Man konnte während der Show zu seinem achtzigsten Geburtstag erkennen, dass er ziemlich verknallt war in Helene Fischer.

Also ein analytisches Vorspiel mit Helene Fischer:

Das zentrale Wort des Liedes *Merci Chérie* heißt »Liebe«. Das Wort beziehungsweise der Moment, in dem es gesungen wird, ist der Höhepunkt des Liedes, und zwar in mehrerlei Hinsicht. Zunächst: Es ist der Gipfel der Komposition, markiert dadurch, dass mit dem Wort die höchste Note gesungen wird. Wenn man eine Melodie als rhetorisches Konstrukt versteht, so ist ihr höchster Ton oft jener Moment, zu dem die Komposition hindrängt, er ist ihr Zielpunkt. Man kann die musikalische Höhepunkts-Rhetorik von *Merci Chérie* an vielen Details festmachen.

Ganz grundsätzlich gesagt, folgt das Lied nicht dem üblichen Schema von Strophe und Refrain. Ein Strophe-Refrain-Lied besteht immer aus mehreren Höhepunkten. Bei *Atemlos durch die Nacht* finden sich in der Studioversion gleich zehn Höhepunkte (davon der achte instrumental). Dazu kommt bei *Atemlos durch die Nacht* noch die berüchtigte Bridge, die mit dem Refrain um den Höhepunkt streitet, sie kommt sechsmal. Das Lied besteht also gleichsam aus einer atemlosen Aneinanderreihung von Höhepunkten und macht damit auf seine Weise anschaulich, was das Lied zum tieferen Inhalt hat und weshalb es sich *in concreto* eher für jüngere Menschen eignet. (Dazu die eindeutigen Handbewegungen, die der Tänzer links neben der Sängerin in Hüfthöhe bei 0:54 im offiziellen Video macht.)

Merci Chérie hat nur einen Höhepunkt. Es gibt keinen Refrain. Das Lied beginnt tief, die Melodie steigt empor, zwei Strophen werden durchgeführt. Dann, kurz vor dem besagten Wort »Liebe«, verdichtet sich die Melodieführung zu einer Sequenz:

> Schau nach vorn / nicht zurück //
> Zwingen kann man / kein Glück //

Die vorliegende Sequenz ist ansteigend, d.h., die Melodie wird beim zweiten Erscheinen (beginnend mit der Silbe »Zwin-«) um einen Ton höher gesungen als beim ersten (beginnend mit »Schau«).

Schauen wir in die Mikrostruktur hinein, um zu begreifen, was wir da hören:

Die Melodie selbst besteht aus sechs Tönen (Schau / nach / vorn // nicht / zu- / rück). Sie ist in der ersten Hälfte ansteigend (Schau / nach / vorn), in der zweiten fällt sie auf den Anfangston zurück (nicht / zu- / rück). Der höchste und eigentlich sinntragende Ton ist immer der dritte, er fällt auf den Taktbeginn, also die schwere Zählzeit. Die beiden Töne davor fungieren als Auftakt. Die Melodie ist ähnlich einem Atmungsvorgang gebaut, die ersten drei Töne geben das Einatmen wieder, die hinteren drei das Ausatmen.

Einatmen:	Ausatmen:
Schau nach *vorn*	nicht zu*rück*
Zwingen *kann*	man kein *Glück*

Der zweite Atmungsvorgang ist gegenüber dem ersten intensiver, weil tonal höher. Das Atemtempo ist noch relativ langsam und wird erst im Folgenden doppelt so schnell werden.

Unmittelbar vor dem Wort »Liebe« geschieht die entscheidende Steigerung. Es ist jetzt nur noch das erste Glied des Sequenzmotivs im Spiel, die drei aufsteigenden Töne:

Denn kein Meer (entsprechend zu: Schau nach vorn /// Zwingen kann)

Es folgen daraufhin wiederum drei wie in einer Sequenz höher gesetzte Töne:

Ist so wild

Aber aufgepasst, »Ist so wild« ist von seiner Struktur komplizierter als »Denn kein Meer«! Bei »Denn kein Meer« steigen drei Töne hintereinander an, ein sehr druckvolles Motiv (Einatmen). Bei »Ist so wild« fällt, wie bei einem nun viel kürzeren Atmen, die Melodieführung zunächst ab, um dann, fast wie bei einer Schnappatmung, am Ende sprunghaft anzusteigen. Die Geschwindigkeit des Atmens hat sich somit verdoppelt: Es wird innerhalb von drei Tönen aus- und eingeatmet. Das Motiv selbst wird auf die höhere Tonstufe sequenziert, es schwillt also immer höher und erreicht den höchsten Ton des Liedes:

Wie die *Lie*- be

Alles ist hier, und darauf wollte ich hinaus, auf organische Steigerung und schlussendlichen Höhepunkt angelegt. Wir hören vor dem Wort »Liebe« insgesamt fünf kontinuierliche Steigerungen:

Aufsteigend:		(Abfallend:)
Stufe 1:	vorn -	rück
Stufe 2:	kann	Glück
Stufe 3:	Meer	
Stufe 4:	wild	
Stufe 5:	Lie-	

Das eigentliche Gerüst der melodischen Kette sind diese stets ansteigenden fünf Töne auf die schweren Zählzeiten: vorn / kann / Meer / wild / Lie-, wobei das Tempo, wie gesehen, ab der dritten Stufe verdoppelt wird. Es geht also immer schneller immer höher zu, und der Höhepunkt dieses Melodieblocks ist zugleich der Höhepunkt des ganzen Liedes: *Lie* – be.

Nach dem Höhepunkt ebbt das Lied ab, verliert zusehends an Kraft, kurz gesagt, es funktioniert von seiner musikalischen Grundstruktur genau wie das *Lohengrin*-Vorspiel Richard Wagners, das ja für diesen Effekt berühmt-berüchtigt ist. Wagners Vorspiel beginnt ebenso verhalten, wallt auf, wallt höher, wallt noch immer höher, dann gibt es eine ganz gewaltige Entladung, Wagners überhaupt gewaltigste Entladung jemals, und dann sinkt es hernieder, verliert immer mehr an Kraft und ruht schließlich wieder. Ich kenne nicht wenige Leute, die bei der Entladung stets einen Lachkrampf bekommen. Hat nicht Monty Python dieses Vorspiel mal mit steigenden und fallenden Industrieschornsteinen illustriert? (Oder war das *Tristan und Isolde*?)

Den Gipfel singt Helene Fischer mit der ganzen Wucht ihrer Bravourtechnik, als gelte es, wie bei einer Opernarie den ganzen Saal außer Rand und Band zu bringen. Udo Jürgens war da dezenter, und das aus guten Gründen. Wir werden sehen, dass das, was das Lied uns erzählt, ziemlich komplex ist. Helene Fischer hat das Lied nicht nur seiner eigentlichen Dimension beraubt, sie hat den Charakter des Liedes auch dadurch verwandelt, dass sie es als Frau singt.

Exkurs: Neulich war ich in den Drei Steubern, meiner Frankfurter Apfelweinwirtschaft, und dort fand das oben erwähnte Gespräch statt. Ich sprach mit Udo (er heißt zufällig auch so) über *Merci Chérie*. Udo mag Udo Jürgens seit langen Jahren und hatte meinen Bericht vom letzten Konzert in der Zeitung gelesen. Udo kennt *Merci Chérie* seit Jahrzehnten, aber er war an diesem Abend in den Drei Steubern nicht von seiner Meinung abzubringen, *das Lied handle von einer Frau, die einen Mann verlässt, und der Mann dankt ihr für die Zeit, die sie gemeinsam erlebt haben*. Er sagte sogar, die Helene-Fischer-Version passe genau deshalb besser, weil es ja in dem Lied um eine Frau gehe.

Ich weiß, die Widerlegung ist einfach und geschieht schon durch den aus der Mann-Perspektive gesungenen Satz: »Sei nicht traurig / muss ich auch von dir gehen«. Man sollte aber festhalten, dass hin und wieder bei manchen der besagte Eindruck besteht, die Frau sei hier die verlassende Kraft. Ich glaube, das liegt schlicht und ergreifend daran, dass man dem charmanten, dezenten Udo Jürgens (der ja im Vergleich zu Helene Fischer auch relativ dezent über jenen Höhepunkt hinwegsang im Jahr 66) nicht zutraut, was er da in diesem Lied so treibt. Ich glaube, wie gesagt, man hat bis heute nicht recht begriffen, was man da vor sich hat, wenn man Udo Jürgens 1966 beim Grand Prix d'Eurovision sieht und hört. Festzuhalten ist also zunächst: Hier geht ein Mann und verlässt eine Frau. Zunächst und in seinem Fundament liegt dem Lied das absolute Männerklischee zugrunde: »Er« verlässt »sie« – er lässt sie sitzen.

Festzuhalten ist ebenfalls: Berichtet wird aus der Perspektive des aktiv Verlassenden. Das ist eher ungewöhnlich, normalerweise wird aus der Perspektive des oder der Verlassenen erzählt, und das aus guten Gründen.

Wer verlässt, muss rechtfertigen. Wer verlassen wird, darf klagen. Der Erste muss Gründe liefern, eine Rhetorik aufbauen, muss die Trennung moderieren (wenn er denn will), muss dem Verlassenen sozusagen Arzt sein für die Schmerzen, die er ihm zufügt etc. Der Verlassene dagegen braucht all das nicht, er liegt einfach molluskenhaft herum und kann Schmerz-, Klage- und Anschuldigungstopoi aufrufen, wie sie seit ewigen Zeiten tradiert sind. Aber er muss *per se* keine rhetorische Struktur aufbauen – und hat es deshalb weitaus einfacher. Daher wird gern Typus 2 vorgezogen, also das Lied aus der Perspektive des Verlassenen.

Merci Chérie aber ist das Lied eines Gehenden. Anzeichen und Kontextualisierungen des Weggehens, Abschiednehmens finden sich von Beginn an in vielerlei Hinsicht. Schauen wir nun also näher auf die Erzählweise des Liedes und darauf, wie sein rhetorischer Verlauf Schritt für Schritt aufgebaut ist.

Die Klavierarpeggien am Anfang des Liedes setzen, bevor man überhaupt weiß, was auf einen zukommt, Assoziationen an romantisches Liedgut frei. Hört man diese Arpeggien, gerät man sofort in eine Stimmungsgemengelage, die sich irgendwo zwischen Schubert, Schumann und bis hin zu Brahms oder Reger abspielt. Man erwartet zunächst ein romantisches Kunstlied.

Dann passiert etwas Unerwartetes. Ein französisches Wort ist zu hören. Da redet jemand französisch, und zwar offenbar zu jemand anderem. Er bedankt sich: »Merci«. Einige Sekunden muss der Ersthörer denken, es handle sich um ein französisches Lied.

Zeitgleich mit dem Wort setzt erstmals das musikalische Motiv des Gehens ein: die militärische Trommel im Hintergrund. Getrommelt wird normalerweise beim Marschieren. Beim Marschieren herrscht Disziplin, Emotionen haben keinen Platz, der Truppenauf- oder -abmarsch muss geordnet über die Bühne gehen. Entschlossenheit, Tatkraft, Vorsatz. Man könnte also im ersten Augenblick den Eindruck bekommen, ein Franzose bedanke sich in diesem Lied für etwas, und im Hintergrund trommelt die Trommel zum Aufbruch, er muss also gleich zum Militär, weil es ins Feld geht oder wenigstens zum Appell. Weil man durch die Arpeggien romantisch gestimmt ist, fühlt man sich durch die ersten getrommelten Takte im klanglichen Kosmos Gustav Mahlers angekommen. Es kommt etwas Abgründiges ins Lied.

Nun aber die ersten deutschen Worte: »Für die Stunden, Chérie«. Ab jetzt ist ein Thema vorgegeben: Liebe und Beziehung in irgendeiner Form. Wenn sich jemand »für die Stunden« bedankt und im Hintergrund die Trommeln zum Aufbruch rühren, dann klingt das unweigerlich nach Abschied. Was zwingt ihn zum Abschied? Warum die Trennung? Es singt ein Mann, die Trommeln müssen also auf ihn bezogen sein. Er wird gerufen. Von wem oder was? Der nächste Satz bringt keine weitere Erklärung, aber gewisse Hinweise: »Unsere Liebe war schön«.

Die Liebe war gemeinsam (»unsere«), sie war schön (offenbar ist das Konsens zwischen den beiden), aber sie ist jetzt offenbar vorbei (»war«). Wer oder was hat sie beendet? Einer der beiden Protagonisten oder ein äußerer Umstand (die Militärtrommel im Hintergrund)? Es folgt eine Ermunterung (»Sei nicht traurig«) und anschließend ein Satz, der von seiner Wortstellung wieder an klassisch-romantisches Lied- und Volksliedgut erinnert: »muss ich auch von Dir gehen«. In der zeitgenössischen Sprache von 1966 müsste der Satz wohl eher lauten: Auch wenn ich von Dir gehen muss.

Damit ist das Gehen/Abschieds-Motiv ausgesprochen. Er verlässt seinen Schatz (der hier französisch *Chérie* heißt). Und er verlässt *Chérie* auf Deutsch.

Mit »Sei nicht traurig / muss ich auch von Dir gehen« kommt also die bekannte romantische Wandererthematik explizit ins Spiel, die ja bis heute und unter anderem bis zu Hannes Wader überdauert hat. Bei Hannes Wader etwa kommt in zwei seiner wichtigsten Lieder an entscheidenden Stellen genau das gleiche »muss« vor, einmal in *Heute hier, morgen dort* (»Bin kaum da / muss ich fort«). In diesem Lied erhält das »muss« keine weitere Begründung, es ist einfach so, es steht axiomatisch da, der Wanderer *muss* stets weiterziehen. Das andere Wader-Lied heißt *Nun muss ich gehen*. Dieses letztere Lied ist deutsche Wandererthematik gepaart mit Post-68er-Beziehungsdiskussion: »Nun muss ich gehn / Doch lange und schwer / Ein Jahr und mehr / Hab ich mich um unsere Liebe gesorgt / Nun ist sie verdorrt.«

In der altertümlichen Wortstellung bei Udo Jürgens (die seltsame Formulierung steht im Lied wie ein hineingeschnittenes Versatzstück vergangener Sprache) ist also neben der *expliziten* Erwähnung des Gehens jene romantisch gestimmte Wanderer-Attitüde auch gleichsam grammatisch mitgegeben. *Die schöne Müllerin*, die *Winterreise*, all das ist konnotiert.

Die zweite Strophe nun markiert den Übergang von der Danksagung für Erlebtes (»Merci«) zum Abschied (»Adieu«). Zugleich beginnt hier der Sprecher mit seiner Rechtfertigungsrhetorik, die er allerdings weitestgehend camoufliert: »Unser Traum fliegt dahin«. Diese Wendung ist tatsächlich reine Rhetorik: Sie suggeriert einen Konsens unter beiden, Sänger und *Chérie*, (der Traum ist »unser« Traum), aber selbst wenn man die Möglichkeit in Betracht zieht, dass beide, ebenfalls im Konsens, den Traum zeitgleich beendet haben, ist immer noch zu konstatieren, dass *nur* der eine die Weggeh-Bewegung macht und die andere darüber hinweggetröstet werden muss. Da ist dann kein Konsens von wegen »unser Traum« mehr vorhanden. Die Wendung »unser Traum« scheint mir an dieser Stelle nicht ganz fair ausgesprochen. Etwas Beidseitiges wird von einer Seite verlassen. Da der Sprecher den Traum offenbar von sich aus aufgegeben hat, könnte er ja auch so etwas sagen wie: Unser Traum ist jetzt nur noch dein Traum. Aber es geht, wie wir sehen werden, dem Sprecher nicht um Tröstung im Sinne einer rationalen Ansprache. Es geht um etwas ganz anderes. Wir haben das Lied bis zu dieser Stelle eigentlich noch gar nicht erfasst.

Zusammenfassung bis hier: A verlässt französisch genanntes B, Gründe wissen wir noch nicht, aber wir haben eine Kontextualisierung, die irgendwo zwischen romantischem Wanderermotiv und der Welt militärischer Order changiert, und in der Mitte passiert eine ganz gewaltige Entladung.

Merci Chérie (II), Hauptakt zweiter Teil

Vergleichen wir jetzt die im Lied angelegte Kommunikationsstruktur mit einigen teils schon genannten Liedern.

Heute hier, morgen dort: In dem erwähnten Vagabunden-Lied spricht Hannes Wader zu niemand Bestimmtem. Ein Adressat ist nicht auszumachen. Wader spricht einfach zu sich und zu uns.

Nun muss ich gehen: Hier spricht Wader zwar über eine Beziehung, aber wiederum zu keinem bestimmten Adressaten, somit wiederum nur zu sich (im Sinne einer Selbstvergewisserung) bzw. zu uns (im Sinne einer Selbstaussage).

Der Wanderer von Schubert nach Georg Philipp Schmidt von Lübeck (es handelt sich hierbei um das Urlied der ganzen Wandererthematik, das Grundmuster): Der Erzähler spricht ebenfalls zu sich bzw. uns, als Situation kann man sich freilich das Wandern selbst vorstellen: Es ist das Lied, das sich der traurige, verzweifelte Wanderer beim Wandern selbst singt.

Merci Chérie, das Wandererlied des Udo Jürgens, hat dagegen eine Ich-Du-Struktur. Das verlassende Ich spricht zu dem Du, das gerade vom Ich verlassen wird.

Wir haben gesehen, dass eine solche Situation eine rhetorische Struktur erfordert, denn der Verlassende muss sich rechtfertigen und sein Verlassen begründen, um den Akt einsichtig zu machen.

In unserer Analyse waren wir bis zum Ende der zweiten Strophe gekommen. Wir stehen also am Beginn des Schwellens, das den Mittelteil einleitet, der zur besagten Entladung auf dem Wort »Liebe« führen wird. Was nun passiert, ist der Schlüssel zum Verständnis des Liedes.

Wahrscheinlich findet sich niemand auf der ganzen Welt, der das Lied noch nie gehört hat, dennoch müssen wir darauf schauen, wie sukzessive erzählt wird, wann wir etwas erfahren und wo wir gewisse sinntragende Dinge im Verlauf des Liedes noch nicht erfahren, weil sie hinausgezögert werden. Wir wissen bislang, dass ein Abschied vollzogen wird, ein Abschied von einer Liebe, wir wissen, dass das für die verlassene Person (*Chérie*) traurig ist, wir wissen, dass der Sänger Mitleid hat: »Deine Tränen tun weh« – d. h.: Er selbst weint nicht, und das Einzige, was er als Grund für seinen eigenen Schmerz erwähnt, ist nicht die Trennung, die er ja selbst vollzieht, sondern der Trennungsschmerz des bzw. der anderen (*Chérie*). Nun aber, nach dem Imperativ »Weine nicht«, kommt eine Ankündigung, die uns aufhorchen lässt (es sind die letzten Worte vor dem Beginn des Schwellens in Sequenzen): »Auch das hat so seinen Sinn«.

Zuerst möchte ich auf den salopp-kolloquialen Stil dieses Satzes hinweisen, also auf jenes für den an sich vergleichsweise hohen Stil des Liedes ungewöhnliche »so«. Das macht man so / das ist wohl so / das tut er einfach so / auch das hat so seinen Sinn. Das »so« verschleift die Dinge im Sinne von: so irgendwie, durchaus wohl auch, bestimmt, für sich gesehen wohl schon. Der »Sinn«, den es »so« hat, wird nicht expliziert, es wird also hier nicht begründet und erläutert, es wird bloß und zunächst ohne weiteren Inhalt behauptet. Jetzt warten wir natürlich auf den erst einmal salopp vorenthaltenen Sinn. Wir erwarten, dass er im Folgenden erläutert und benannt wird.

Und tatsächlich werden wir in den nächsten Versen eine Art Didaxe erhalten, eine immer konkreter werdende Erläuterung. Wir werden zwei Dinge erfahren: Erstens wird endlich der Grund des Verlassens ausgesprochen werden. Er wird genau im Moment des Höhepunktes ausgesprochen: Die »Liebe« selbst ist der Grund des Verlassens. Streng genommen hätte der Ersthörer bis zu jenem Augenblick auch ganz andere Dinge als Trennungsgrund annehmen können. Es hätte an dieser Stelle etwa statt »Liebe« das Wort »Krieg« stehen können. Wir erinnern uns, dass das Lied nach seinem romantischen Arpeggio am Anfang ja mit Trommelschlägen, also Marschbegleitung, anhob. Der Soldat muss Abschied nehmen, die Liebe war schön, aber er muss gehen, auch das hat so seinen Grund.

Er versteht den Grund (Krieg) vielleicht selbst nicht, aber die Pflicht ruft (so wäre das »so« m. E. übrigens schlüssiger, nämlich im Sinn einer Distanzierung). Die Verlassene, die er somit nicht freiwillig, vielmehr aus Pflichtbewusstsein verließe, solle nach vorn schauen, denn das Glück kann man nicht zwingen, vor allem im wilden Meer eines Kriegsgewoges, da kann jeder verlorengehen. Deshalb soll sie nicht zurückschauen. Ist er hinüber, wird sie einen neuen finden.

Diese Lesart ist bis unmittelbar vor dem Wort »Liebe« möglich. Daher sage ich: Sein eigentliches Thema expliziert das Lied in der folgenden Didaxe, und zwar in der Nennung des Trennungsgrundes: Die Liebe selbst bedingt die Trennung. Erst hier wird vollends klar: Es handelt sich um kein Soldatenlied. Der Mann wird z. B. auch in keine Mondrakete steigen, um womöglich nie mehr zurückzukehren. Er wird sich nicht zurückziehen, um jetzt nur noch Romane zu schreiben. Nein, die Liebe selbst, also das *Fundament* ihres vorigen gemeinsamen Traums, bedingt die Trennung. Das, was beide zusammengebracht hat, trennt sie nun. Freilich hebt die Liebe den Bund zwischen beiden nicht sozusagen in eigener Person auf, vielmehr wird der Bund von dem Verlassenden aufgehoben.

Vorläufig halten wir fest: Im Verlauf der Didaxe wird der Trennungsgrund benannt. Schauen wir, wie die rhetorische Entwicklung bis dorthin vonstattengeht.

Nach der Ankündigung, dass die Trennung (hier bloß ausweichend mit »das« benannt) so seinen/ihren Sinn hat, und nachdem wir also erwarten, dass dieser Sinn erläutert wird, kommt zuerst ein retardierender, zugleich ermutigender Imperativ, der zwei Bewegungsrichtungen beinhaltet, *vor* und *zurück*:

Schau nach vorn / nicht zurück

Der Imperativ soll die zu verlassende Person *Chérie* aus ihrer Lethargie von Tränen und Trauer befreien. Wie ein Ein- und Ausatmen, in einer rhythmischen Bewegung, erfolgt diese Ermunterung. Wie bei einer sportlichen Übung: Vor – zurück, vor – zurück. Bei der Bewegung nach vorn wird eingeatmet, bei der Bewegung zurück wird ausgeatmet. Das ist recht anschaulich durch die im ersten Teil unserer Darlegung (Vorspiel) erläuterte Sequenz dargestellt. Steigen – Fallen / Einatmen – Ausatmen / vor – zurück. Wagner steigert in seinem Vorspiel ganz ähnlich (s. o.).

Nun beginnt die Didaxe (die in Wahrheit natürlich eine Rechtfertigungsrhetorik ist), und zwar bei der zweiten Vor-zurück-Bewegung. (Einatmen hier: »Zwingen kann«. Ausatmen: »man kein Glück«.) »Zwingen kann man kein Glück« ist als Aussage apodiktisch. Wir wissen überdies noch nicht genau, was gemeint ist. Welches Glück? Das Kriegsglück? Das Glück vor Gericht? Im Spiel? Wir nehmen dieses Wort erst einmal als allgemeine, selbstverständliche Aussage hin. Den Kairos kann man nicht zwingen. Glück entsteht, Glück vergeht. Das ist quasi wie ein Naturgesetz und nicht personenabhängig. (Man sollte an dieser Stelle Glück nicht mit Fortuna übersetzen, eher mit Gelegenheit, Chance, *occasio*, Kairos, weil Fortuna immer so etwas wie Wohlstand, Wohlfahrt, Prosperität bedeutet, das ist hier sicher nicht gemeint.)

Anzumerken ist: Bevor wir den eigentlichen Grund für die Trennung genannt bekommen (wir wissen ihn, aber der Ersthörer an dieser Stelle noch nicht), wird uns von einer ganz unpersönlichen, unverfügbaren Macht geredet, von eben jenem Glück, das (siehe Glücksrad) ein jahrtausendalter Topos in der europäischen Geistesgeschichte ist und selbst Könige und Kaiser auf den Thron setzt und wieder stürzt. Wo es um Glück geht, hat der Mensch keinen Einfluss. Aus jenem vorliegenden Gedanken und dem folgenden Vers setzt sich die Rechtfertigungsargumentation des Liedes zusammen, aber die Rechtfertigung wird *nota bene* hier schon eingeleitet, bevor man überhaupt weiß, was gerechtfertigt werden soll: Denn offenbar ist doch niemand schuld, da das Glück unverfügbar ist.

Was nun schließlich gerechtfertigt werden soll, ist der eigentliche, noch ungenannte Grund des Abschieds, und erst im Augenblick, wo er tatsächlich genannt wird, wird uns klar, dass er einer Rechtfertigung bedarf (ein Ruf zur Fahne etwa hätte einer solchen Rechtfertigung nicht bedurft). Und zugleich und deckungsgleich mit der Nennung wird die Rechtfertigung geliefert. All das passiert verdichtet in dem Wort »Liebe«. Die eigentliche Didaxe ist also proleptisch, d. h., sie erklärt, was erst an ihrem Ende als Thema benannt wird.

Rhetorisch hat das seinen Grund darin, eine apodiktische Behauptung vorzuschieben und den Hörer auf eine ganz bestimmte Haltung einzuschwören: An dem, was hier geschieht, hat niemand Schuld. Kolloquial gesagt: Das ist nun einmal so; auch das hat so seinen Sinn.

Nun zu dem alles entscheidenden Vers »Denn kein Meer ist so wild wie die Liebe«. Auch hier bemüht der Sprecher alle Mittel, den Grund für das Geschehen (Abschied) ins Unpersönliche zu verlegen. Wie er eben noch den Topos der unverfügbaren Schicksalsmacht aufgerufen hat, so benutzt er nun eine Naturmetapher: das wilde Meer. Was bedeutet die Wendung *wildes Meer*, und was ist an dieser Stelle damit gemeint?

Gemeinhin versteht man unter einem *wilden Meer* eine von Winden aufgepeitschte See. Ein Meer kann sowohl ruhig als auch wild sein, die Voraussetzungen für wildes Meer (*vulgo* stürmische See) sind größtenteils meteorologischer Natur: Sturm, Wind, Gewitter etc. Das Meer ist nicht an sich wild, es kann aber wild sein.

In *Merci Chérie* wird dem Meer Wildheit aber als

proprietas, als zugehörige Eigenschaft schlechthin, zugesprochen. Das Meer ist bei Udo Jürgens *per se*, seinem Wesen nach, wild. Das weicht von unserem normalen Wortgebrauch ab und bedarf der Erläuterung. Was bedeutet, dass das Meer seinem Wesen nach wild ist? Ich kann es mir nur so erklären, dass hier mit Wildheit so etwas wie die Potenz zur Wildheit gemeint ist. Wie ein wildes Tier immer plötzlich attackieren kann, so kann das Meer stets immer unangekündigt wild werden. Weil es stets wild werden kann, wird es hier als wild bezeichnet.

Die Metapher des wilden Meeres dient dazu, die hiesige Verwendung des Wortes Liebe inhaltlich zu füllen. Die Definition von Liebe schwankt bekanntlich zwischen den beiden Polen Eros und *caritas*. Es können noch Konnotationen dazukommen wie etwa *voluptas*. Auch das Kunstschöne im Sinne Kants kann in die Nähe des Begriffs geführt werden, wenn auch natürlich nur über den Umweg des weiblichen (oder männlichen) Körpers. Wir verstehen unter Liebe die körperliche Angezogenheit, den Akt selbst, wir verstehen darunter auch ein langwierigeres Ehe-Geschehen, und wir kennen (das berührt nun alle angesprochenen Bereiche) das Sprichwort: Wo die Liebe hinfällt, wächst kein Kraut mehr. In der antiken Literatur spielt immer wieder *hippomanes* (Stutengeil) eine Rolle, und der von dem Sekret ausgehende Gestank macht die Pferde so wild, dass sie angeblich sogar Meere überwinden, um zueinander zu kommen und sich besteigen zu können. Das ist die Macht und die Kraft der Liebe.

Bei Udo Jürgens erscheint Liebe ihrer sozialen Kontrolle und Regulierung völlig entkleidet. Sie ist unverfügbar wie ein Naturgeschehen, noch wilder als das Meer. Freilich kann das Lied an anderer Stelle auch eine andere Sprache sprechen. Zahlreiche Stellen verraten, dass der Sprecher trotz der angeblichen Unverfügbarkeit von Liebe auch von so etwas wie einem beiderseitigen Vertrag unter den Liebenden ausgeht, der auf gegenseitiger Verantwortung beruht. Zum einen wird gedankt, d. h., das Ich des Liedes lässt nicht einfach wie im postkoitalen Ekel vom Du, *Chérie*, ab, es thematisiert vielmehr die eigene gemeinsame Geschichte und die gemeinsame Bindung: Danke, es war schön mit dir. Der Verlassende versucht des Weiteren nach wie vor zumindest fragmentarisch seiner ehemals gefühlten Verantwortung (wohl gefühlt während des »Traums«, als welcher die gemeinsame Liebe bezeichnet wird) gerecht zu werden, indem er tröstend auf das Du einwirken will: »Sei nicht traurig /// weine nicht«. Unzweifelhaft empfindet der Sprecher Mitgefühl, auch wenn er die Beziehung ja gerade (darüber sollte die Liebesrhetorik uns nicht hinwegtäuschen) selbst beendet: »Deine Tränen tun weh, so weh«.

Das heißt, es dürfte tatsächlich so etwas wie ein gegenseitig gefühltes Vertragsverhältnis zwischen beiden gegeben haben, das eine Zeitlang auf dem Prinzip der

Gleichheit mindestens ebenso wie auf dem der Vertragsfreiheit beruht haben muss. Während des Traums (»unser«) wurde die Vertragsfreiheit offenbar hinter die erstrebte Gleichbehandlung gesetzt. In der Liebe standen sich beide als gleichermaßen Liebende gegenüber, und die Liebe war dem anderen gegenüber verabredet. Während der Vertragsdauer war auf sie Verlass. Die aus der Beziehung entstandene gegenseitige Verantwortung ist, wie ein Nachhall, dem Sprecher noch anzuhören. Das konterkariert die in der Didaxe angestrebte Darstellung des ursprünglichen Vertragsgrundes Liebe: als überpersonal, unverfügbar und bar jeder Kontrollmöglichkeit.

Man kann aus der motivisch durch Rechtfertigung begründeten Didaxe also vor allem eins ablesen: schlechtes Gewissen. Das schlechte Gewissen führt hier aber nicht zur Umkehr, sondern zu Nothelfertrost, einem Belehrungsversuch (Beantwortung der Frage: Was ist Liebe?) und schließlich zu Abschied. Der Verlassende *muss* seiner Aussage nach so handeln (er handelt diszipliniert und pflichtbewusst wie der im Lied durch die Trommel im Hintergrund stets mitschwingende Soldat, der zur Fahne gerufen wird), aber er handelt zugleich gegen sein eigenes Gewissen. Ob er den Vergleich Liebe = Naturmacht nur dem Du gegenüber gebraucht, um die Last persönlicher Schuld von sich zu wälzen, oder ob er selbst daran glaubt, das ist an dieser Stelle nicht entschieden. Ist die Liebe nun eine objektive Macht und er lediglich ihr Soldat, oder ist der Trennungsgrund eine bloß subjektive Entscheidung?

Vielleicht können wir das im folgenden Verlauf unserer Darlegung entscheiden, und zwar, wenn wir die textliche und die musikalische Analyse zusammenführen werden, um endlich eine wirkliche Aussage darüber treffen zu können, worum es in dem Lied geht.

Kurze Zusammenfassung bis hierher: Romantisch als Wanderer aufgefasstes Ich verlässt Du bei Trommelklang. Nach Durchlauf der drei Stufen Dank, Trost und Ermunterung legt das abschiednehmende Ich seine Gründe während des Höhepunkts dar, wobei bislang unentschieden bleibt, ob die Gründe bloß rhetorischer Natur sind oder von ihm tatsächlich geglaubt werden.

Merci Chérie (III), conclusio: Liebe als tröstender Akt

Die Didaxe hebt an mit der oben beschriebenen musikalischen Veränderung: Die Melodiebögen werden kürzer, Sequenzen erscheinen, stoßhafte Vor-zurück-Bewegungen. Das musikalische Geschehen steigert sich, wird atemloser, die Tonlage wird höher, ein sichtliches Zeichen von Erregung. Auffällig, wie gesagt, die Ermunterungen am Beginn des Mittelteils. Herrschte in den ersten beiden Strophen noch Trauer, Schmerz und wehmütige Erinnerung, so kennt bereits die letzte Zeile der zweiten Strophe Ermunterung: »Weine nicht«! Schon hier wird etwas Neues vorbereitet.

Die Didaxe führt musikalisch auf den Höhepunkt zu. In dem Augenblick, wo Thema und Rechtfertigung ausgesprochen werden, endet das Stoßen und Ansteigen abrupt, und ein sehr langer, sehr hoher Ton ist zu hören, auf dem das Lied quasi verweilt bzw. in dem das Lied für eine Weile wie gefangen ist. Es will diesen Ton nicht verlassen, es ist, als wolle es ihn so lange wie möglich auskosten. Zeitgleich mit der Nennung des eigentlichen Themas Liebe kommt musikalisch die physische Demonstration von Liebe. Thema, Rechtfertigung und Demonstration in einem. Bei der Liebe wird hier gezeigt, was Liebe ist und was sie sein kann, exakt in dem lang anhaltenden höchsten Ton wird es gezeigt, der, wie gesagt, auf den vorherigen rhythmischen Bewegungen basiert, die sich zu ihm hin gesteigert haben. Die Liebe verschafft im Mittelteil des Liedes eine offenbar totale Befriedigung, denn anschließend kehrt wieder Ruhe ein, das Lied fällt musikalisch auf seinen Anfang zurück und verebbt dann insgesamt, als hätte es alle Kraft verloren. Auf den letzten Tönen ruht das Lied schon fast bewegungslos.

Bemerkenswert, dass nach dem Höhepunkt der Text eigentlich nur noch einen Inhalt kennt: die Bewertung des eben erfolgten Geschehens. Unmittelbar nach dem Höhepunkt, noch in seinem Abgang, heißt es zunächst: »Die Liebe allein / nur sie kann so sein«. Es war ja eben im Lied selbst höhepunktsmäßig markiert worden, was Liebe sein kann, nämlich die Erfüllung des Akts (Anschwellen, rhythmische Bewegung, Höhepunkt, Abschwellen). Gleichsam nachkostend kann der Sprecher am Ende des Liedes kaum mehr etwas anderes von sich geben als ein andauernd wiederholtes: »so schön / so schön / so schön«, was grammatisch auf »Unsere Liebe« bezogen ist. Die Wendung »Unsere Liebe« changiert jetzt also. Meinte sie in der ersten Strophe vermeintlich noch unsere Beziehung/ unseren Verbund, so meint sie jetzt, nach vollzogenem Höhepunkt, natürlich vor allem diesen selbst. In einem kolloquialeren Sinn würde dieses zum Ende hin wie am Rande der Bewusstlosigkeit wiederholte »so schön / so schön / so schön« in etwa so heißen: Mann, das war gut. Anschließend bricht die Ermüdung endgültig durch (*post coitum fatigatio*).

In der Didaxe wird also selbst demonstriert, was Liebe kann. Sie besteht hier, in *Merci Chérie*, aus Theorie und Praxis zugleich. Indem der Liebesakt vollzogen und zum Höhepunkt geführt wird, demonstriert der Verlassende sozusagen noch einmal abschließend, worum es eigentlich geht bzw. ging, und er demonstriert es auf offenbar überzeugende Weise. Er scheint damit die zu verlassende *Chérie* zu überzeugen, vielleicht auch für den Augenblick selbst so zu befrieden bzw. zu befriedigen, dass die Diskussion nun ruht, weil allgemeines Erschlaffen herrscht. Die eigentliche Rechtfertigung ist hier also physischer Natur: *Chérie* wird weniger theoretisch überzeugt als vielmehr physisch (durch Demonstration) überwältigt wie von einer Naturmacht selbst. Die personalen Anwürfe scheinen zu verstummen, und der Sprecher hat *Chérie* gezeigt und anschaulich gemacht, was es heißt, dass die Liebe wilder als das Meer ist. Es bedarf nun keiner Rechtfertigung mehr, und der Trost ist gespendet. Er ist also physischer Art.

Das sang Udo Jürgens im Jahr 1966 beim Grand Prix d'Eurovision de la Chanson. Er sang von einem Mann (wir setzen das Geschlecht voraus, es ist nicht gesagt, wird aber aus dem Mittelteil heraus klar), der eine (wohl) Frau verlässt, und um die Situation zu überstehen und die Frau die Situation überstehen zu lassen, vögelt er sie bis zum Höhepunkt vor unseren Ohren und bläst sie und sich gleichsam weg. Anschließend geht er und markiert dabei den treuen Soldaten seines Generals, der da heißt: Liebe. *Chérie* bleibt abgevögelt auf dem Bett zurück, während er neuen Abenteuern entgegenzieht.

Das ist eine vergleichsweise große Chuzpe und durfte natürlich nicht so klar gesagt werden. Deshalb wird ein Großteil der Erzählung in die Musik gelegt. Während er, auf ihr (*Chérie*), seine Didaxe herunterleiert, erfolgen weiter unten die rhythmischen Bewegungen. Den Franzosen traut man so etwas ja immer zu, die kennen die Liebe, l'amour. Der Deutsche kennt so etwas eigentlich nicht, es gehört nicht zur Volkskultur. Bei uns kann man nur ficken oder vögeln sagen, oder Beischlaf oder miteinander schlafen. Bei den Franzosen gehört aber der Akt zur allgemeinen Kommunikationsstruktur. Glauben wir. Das ist das gängige Franzosenklischee. Deshalb war es naheliegend, dem Lied ein französisches Kolorit zu geben, um es, *sit venia verbo*, zu entschärfen. Anzügliches Geschehen verlegt der Deutsche gern ins Exotische, und seien es auch bloß bayrische Almhütten. Im Deutschen hätte das Lied heißen müssen: Danke, mein Schatz. Wir ahnen, was daraus für ein Lied geworden wäre.

Mit diesem Lied erlangte Udo Jürgens seine öffentliche Rolle, und von diesem Lied ausgehend, wurde, mehr oder minder unbewusst, anschließend seine öffentliche Person erzählt. Er galt als erfolgreich, aber untreu. Das ging bis zu seinem Ende so. Im Grunde, wie hier gezeigt, war am Anfang schon alles gesagt, aber eben mit einer Eleganz und einem Esprit, die die französische Ansprache geradezu erforderten. Was all die kleinen deutschen Schlager ständig aussprechen müssen, um dabei doch immer nur im Wortlaut steckenzubleiben (Ich wünsch mir, ich wäre heute Nacht bei dir etc., etc.), und worüber auch Helene Fischer in ihren Liedern nicht hinauskommt (»atemlos, schwindelfrei«), hat Udo Jürgens, schlicht, dezent, elegant, scheinbar timid und wie ein netter Enkelsohn, aber in Wahrheit cäsarenhaft vor aller Öffentlichkeit gleichsam physisch in unser aller Ohren vollzogen, und wir mit ihm. Er hat es getan, er hat es gesungen: Der Mann verlässt die Frau, sie kümmert ihn in Wahrheit einen feuchten Kehricht, und er nimmt die Gelegenheit wahr, noch einmal kräftig Spaß mit ihr zu haben, und dann hält sie wenigstens auch ihr Maul. (Das Lied könnte also auch heißen: Halt's Maul, Chérie.)

Es ist völlig klar, dass, wenn man in die Tiefen dieses Liedes hinabgestiegen ist, die Helene-Fischer-Version zu Udo Jürgens' achtzigstem Geburtstag in die falsche Richtung ging. Ich hatte schon während ihres Auftritts das Gefühl, dass die Frau nicht wirklich wusste, wovon sie da eigentlich sang.

Nicht zurück

Mein Jahr ohne Udo Jürgens

Mein Jahr ohne Udo Jürgens begann in dem Augenblick, als ich in der Buchscheer auf mein Mobiltelefon schaute und dort die Mitteilung sah: »Er ist tot«.

Einmal, vor vierzehn Jahren, saß ich mit einem Künstler aus Halle in einem winzigen Dorf in Südbrandenburg, wo man nachts keinen Grashalm knicken hört und es bei Neumond überaus dunkel ist, weil die nächste Laterne fünf Kilometer entfernt ist und die nächste Stadt fünfundzwanzig Kilometer. Man sieht dann, kurz gesagt, nichts. Wir befanden uns in einer Wirtschaft, der einzigen weit und breit, sie hieß »Kuppis feuchte Ecke«, da gingen wir öfter hin, der Wirt war taub, aber sehr nett, saß immer vor dem Fernseher und war meist sein einziger Kunde. An diesem Abend aber war ziemlicher Betrieb, es waren mindestens vier oder fünf Leute da. Ich saß mit dem Künstler unter einem Busenkalender, wir tranken jeder fünf halbe Bier und fünf doppelte Korn, und zum Abschied gab uns die Frau des Wirtes, eine überaus virile Person, das aktuelle Blatt des Busenkalenders mit (vielleicht wirkten wir bedürftig). Dann stiegen wir auf unsere Fahrräder, zwei geliehene Rostschärpen. Wir wohnten im Nachbardorf. Wir fuhren um eine Straßenecke und waren aus dem Dorf heraus, die Radlampe des Künstlers aus Halle fiel sofort aus, meine flackerte – …

Die letzte Laterne blieb hinter uns – ich sah meinen Lichtkegel – ich ging aus dem Sattel und beschleunigte. Ich Westdeutscher! Was wir Westdeutschen nie kannten (zumindest die Rhein-Main-Gebietler): völlige Dunkelheit. Munter stehe ich auf meinen Pedalen, sehe den Lichtkegel meiner Lampe, sehe seltsamerweise plötzlich Gras unter mir in meinem Lichtkegel (eigentlich fuhren wir auf der Straße, warum war da jetzt Gras?), und dann ereignete sich etwas, das genauso unerwartet kam wie Udo Jürgens' Tod bzw. die besagte SMS.

Etwas traf mich mitten im Gesicht. Ich kann im Nachhinein gar nicht mehr genau sagen, ob ich *sukzessive* wahrgenommen habe, was geschah, also dass ich *zuerst* diesen riesigen Schlag durch irgendetwas ins Gesicht bekam, *dann* rücklings auf den Boden fiel und schließlich da lag. Im Nachhinein kommt mir das alles weniger sukzessive als vielmehr gleichzeitig vor. Ich lag da einfach herum, sozusagen mitten im Schlag und Fallen, und wusste, dass etwas passiert war, aber ich wusste nicht, was. Ein Baseballschläger konnte es kaum gewesen sein. Es war alles dunkel, ich lag auf dem Boden bzw. mitten in einem Nichts und sagte mir, eben war noch alles gut, aber jetzt ist da irgendetwas Neues. Einfach eine Weile so daliegen, das wird das Beste sein.

Sich zusammensuchen.

Ich war, wie wir am nächsten Tag rekonstruierten, mit voller Wucht gegen einen Ast gefahren, der mich genau auf meiner Stirn getroffen hatte, besser gesagt, den ich genau mit meiner Stirn getroffen hatte. Es war ja alles schwarz um mich herum gewesen, was ich in dem Augenblick, auf meinen Lichtkegel fixiert, einfach nicht begriffen hatte (wir hatten uns noch am Ortsausgang befunden, kaum fünfzehn Meter hinter der letzten Laterne). Diese schwachen östlichen Dorflaternen! Wussten sie nicht, dass Westdeutsche so dumm sind, dass sie denken, sie könnten überall aus dem Sattel gehen – auch nachts bei Neumond auf dem Südbrandenburger Land?

Genau das Gleiche geschah, *mutatis mutandis*, am 21.12.14 um 18.11 Uhr. Ich wusste in dem Moment, dass etwas Grundlegendes passiert war. Mit »grundlegend« meine ich nicht, dass Udo Jürgens, ein Mensch, gestorben war. Als Mensch war er genauso wert und würdig wie du und ich, insofern ist sein Tod nichts anderes als bei allen. Ich wusste vielmehr, dass in dem Augenblick etwas für mich und für mein Leben passiert war.

Dass Udo Jürgens die letzten Jahre meines Lebens mitgeprägt hat, hätte ich vormals, vor der Verwandlung durch Nina, die Lehrerin aus dem Gießener Raum, nicht erwartet. Dass ich in den Weihnachtstagen 2014, apfelweinabgefüllt bis dorthinaus, seinetwegen mehrere Nächte auf der Bettkante sitzen und nachdenken würde, nachdenken über U. J., nachdenken über den toten U. J., hätte mir noch einige Jahre vorher keiner weismachen können. Ich kannte den Mann übrigens persönlich nicht. Als ich etwas klarer wurde, isolierte ich ein Gefühl in mir: eine – allerdings ziemlich diffuse – Dankbarkeit. Diffus, denn freilich ist durch diesen Begriff (»Danke, Udo!«, riefen ihm ja viele hinterher) noch überhaupt nichts erklärt, und zunächst überraschte mich dieser Dankbarkeitsaspekt auch. Ich konnte ihn nicht einordnen.

Mal ganz ohne Ironie-Maske gefragt: Wem sonst gegenüber hege ich dieses Gefühl der Dankbarkeit, ich meine unter allen, die mit Kunst und Künstlertum zu tun haben?

Einem meiner liebsten philosophischen Autoren gegenüber, Lukrez (ein Zeitgenosse Cäsars), kann ich solche Gefühle nicht hegen, dazu ist mir allein schon sein Leben zu fremd und zu weit weg. Ich habe keinerlei Vorstellung, unter welchen Umständen er sein Werk geschrieben hat und was es für ihn bedeutet haben könnte. Wenn es so gefühlig in Sachen Dankbarkeit wird, dann müssen die Personen schon zeitnäher gewirkt haben. Ich mache einfach mal eine Liste. Die wichtigsten: Dostojewski, Thomas Mann, Chaplin. Raabe, Stadler, Kurzeck. Hans Albers, Loriot, Paolo Conte, der frühe Ambros. Hannes Wader. Chaotisch, gell! Und Udo Jürgens gehört da für mich rein. Da gehört kein Frisch, kein Bernhard, kein Nick Cave, kein Gert Voss rein, weder Portishead noch Pink Floyd noch Tolstoi. Wieso da jemand reingehört und jemand nicht, kann ich nicht so genau sagen. Vielleicht so: Die Wichtigsten waren alle Auslöser und Freischaufler für irgendetwas in meiner Person, ich habe ihnen immer vertraut und bin nie enttäuscht worden (ich vermute, jeder von uns könnte eine solche Liste erstellen). Ich rede aber weniger von den Personen als vielmehr von dem, was sie gemacht haben. Ich kenne unzählige Leute, die ziemlich genau wissen, dass Chaplin ein Arschloch gewesen sein soll, das wird über Thomas Mann ja auch gesagt, und über Paolo Conte höre ich manchmal auch nicht ganz so Gutes. Udo Jürgens halten auch nicht wenige für einen Schweinepriester. Aber bei dem, was sie tun und taten, konnte ich immer bleiben. (Das trifft freilich auch auf Lukrez zu, und dennoch bleibt er mir fremder als etwa Thomas Mann, den ich natürlich ebenso wenig kannte wie Lukrez, aber ich rede hier – glücklicherweise – ja sowieso von völlig irrationalen Dingen.) Sie wollten mich nicht verführen, wollten mich nicht verarschen. Das ging mir bei anderen ganz anders, aber das musste ich lernen.

Geh in die Kunst hinein, und einige werden dich zunächst beeindrucken. Gehe näher heran, dann sieht es schon wieder anders aus. Wie uncool ist denn Udo Jürgens gegen Nick Cave! Würde heute Nick Cave sterben, würde ich sagen: Oha! Mein Jahr ohne Nick Cave wäre allerdings nicht viel anders als ein weiteres Jahr mit Nick Cave. Würde ich seine Konzerte sehr vermissen? Hingepilgert zu ihm bin ich nie, nur immer hingegangen. Das war bei Udo Jürgens anders, seine Konzerte waren wichtigere Momente in meinem Leben. Eventuell wäre das in zwanzig Jahren anders, wenn wir beide da noch leben, Nick Cave und ich. Das sage ich auch eingedenk der Tatsache, dass, wenn Udo Jürgens vor zwanzig Jahren gestorben wäre, ich natürlich nicht einmal »Oha!« gesagt hätte. Das wäre völlig an mir vorbeigegangen.

Aber wodurch wurde er wichtig? Es war ja nicht mein Ziel und Vorsatz, diesen Chansonnier und, in seinen kommerziellsten Augenblicken, Gassenhauer-Wodka-Trallala-Unterhalter Einzug in mein Leben halten zu lassen.

Unter anderem wurde er dadurch wichtig, dass ich begonnen habe – unabsichtlich, es geschah einfach so –, über ihn nachzudenken, ihn zu einer Figur zu machen, die auf eine bestimmte Weise erzählt wird, hinter der ein bestimmtes Konzept von Welt steht. Die öffentliche Person Jürgens war für mich auch immer so etwas wie, sagen wir, die berühmte Filmfigur Hermann W. Simon aus Edgar Reitz' Fernsehserie *Heimat*. (Man könnte als Beispiel auch Hans Castorp nehmen oder irgendeine andere Figur.) Über jenen Hermann (oder eine ähnliche solche Figur) kann man Jahre seines Lebens nachdenken, er begleitet einen, spiegelt einen, stellt einem immer wieder Fragen und liefert eine Erzählung über Welt und Gesellschaft, an der man sich selbst stets messen und so zu eigenen Begriffen kommen kann. Kurz und in einem heutigen Wort gesagt: Das Narrativ »Hermann W. Simon« ist ein bestimmter Weltzugang. So ist es auch mit Udo Jürgens.

Nur freilich ist die Udo-Jürgens-Erzählung noch nicht zusammengesetzt, noch nicht geschrieben, und ich kann hier auch nur Bruchstücke sammeln. Es geht hierbei natürlich nicht um eine Biographie. Mit einer Biographie ist, so seltsam das erst mal klingt, über Udo Jürgens eigentlich gar nichts erzählt. Er wird durch sie als Erzählung, als Konzept von Welt, ebenso wenig verständlich wie jeder von uns. Biographien liefern gar nichts. In ihnen ist zwar auch, eher versteckt, eine Erzählung enthalten, aber sie wird nicht frei erzählt. Dazu ist sie zu faktengebunden. Mein faktisch-biographischer »Wissensstand« über Udo Jürgens tendiert sowieso gegen null. So wie der Wissensstand der meisten Udo-Jürgens-Hörer und Nicht-Hörer. Und dennoch liefern wir die Erzählung. Wir sind er, und er ist wir, und so erst entsteht er, und so erst entstehen wir. Deshalb sind Gespräche so wichtig.

Was Udo Jürgens ist, war, wie er wirkte und als was er (und für was er) dasteht, das können wir nur in uns wiederfinden, den Lesern dieser Erzählung Udo Jürgens'. Oder hermeneutisch besser gesagt: Wir müssen diese Erzählung erst konstruieren. Wir müssen über

Udo Jürgens ins Erzählen kommen, um ihn zur Erzählung zu machen. Und in jeder Erzählung stecken wir drin. Es geht immer auch um uns.

Das Gefühl, das ich im Augenblick der Todesnachricht empfand und das so stark war, dass es sich sogar bei der sofort eintretenden Betäubung noch Aufmerksamkeit verschaffen konnte, war das der Empörung, der Ablehnung. Ja, ich saß in der Buchscheer und war empört. Als hätte aus verschiedenen Gründen das jetzt nicht passieren dürfen.

Warum nicht? Was ist der Grund der Empörung? Ich rede wie gesagt nicht über die allgemeine Empörung, die sich bei jedem Tod einstellt. Ich rede von einer Empörung, die sich aus dem Wesen von Udo Jürgens heraus speist. Der Inhalt dieser Empörung lautete ja nicht: »Es ist auch bei Udo Jürgens empörend, wenn er stirbt«, sie lautete: »Es ist empörend, dass ausgerechnet Udo Jürgens stirbt, jetzt und hier.« Irgendetwas an seinem Tod war also empörender als bei einem sonstigen Tod. Und der Grund hierfür kann nur in dem spezifischen Verhältnis der Figur (oder des »Narrativs«) Udo Jürgens zu eben genau diesem Thema Leben und Tod liegen bzw. zu unserem eigenen Leben und Tod.

Die Empörung ist nicht damit beschrieben, dass ein achtzigjähriger Mensch tot auf einem Spaziergang zusammenbricht. Das ist sogar alles andere als empörend, das ist je nachdem geradezu wünschenswert. Aber damit ist auch nur wenig erzählt. Das Empörende, das ich in der Sekunde der Todesnachricht empfand, liegt in etwas ganz anderem begründet.

Seitdem ich Reaktionen der Menschen auf diesen Tod sammele, weiß ich natürlich, dass dieser Tod auch für viele andere so war wie für mich. Es war ein besonderer Tod. Ich meine wiederum nicht: den Tod beim Spaziergang. Sondern den Tod dieser Person in diesem Moment. Auch für viele andere war es so, als hätte genau dieser Tod nicht geschehen dürfen bzw. können. Als sei das quasi wider die Naturgesetze. (Seltsam, nicht! – bei einem achtzigjährigen Menschen!)

Ich habe an anderer Stelle geschrieben, dass Udo Jürgens immer ein Axiom war, etwas, das in unser aller Leben immer vorausgesetzt werden konnte, da er ja immer da war, egal ob man etwas mit ihm zu tun hatte oder nicht. Jeder konnte ihn in seinem Leben jederzeit »aktualisieren«, d.h. zur gegenwärtigen Existenz für sich bringen. Ich habe Udo Jürgens ja auch erst vor einigen Jahren »aktualisiert«, vorher war er immer nur als bloße Möglichkeit im Raum, amorph und für mich noch in keine Struktur eingebettet, die etwas mit mir zu tun gehabt hätte (abgesehen von besagten Kindheitserinnerungen an *Siebzehn Jahr, blondes Haar* etc.).

Für mich war Udo Jürgens in den letzten Jahren beispielsweise eine Erzählung über die Medien. Auf den ersten Blick wie immer reiner Mainstream. Ging man aber zu seinen Konzerten, wusste man, dass er ein besonderes Publikum hatte, das nur seinetwegen kam. Aber wenn man ihn in Fernsehshows vor großem Gala-Publikum in den Siebzigerjahren sah, wo das Publikum sich mehrere Künstler (die ganze übliche Schlagerriege) anhören durfte, weil das so Programm war, dann machte er für dieses eingekaufte Publikum aus dem Anhören-Dürfen mitunter ein Anhören-Müssen. Da saßen dann die alten Herren in ihren alten Anzügen, die sicherlich nach Zigarren rochen, daneben die entsprechende Frau, ein typisches *Blauer Bock*-Publikum, und sie wollten sich doch nur eine Silvester- oder sonst eine Gala mit deutschen (deutschsprachigen) Stars anhören, weil sie dafür über irgendwelche Kontakte Karten bekommen hatten (»Else! Wir dürfen zur großen ZDF-Gala!«), und Udo Jürgens nutzte die Situation radikal aus und sang ihnen mit seinen Texten Dinge ins Gesicht, die sie in dem Moment bestimmt nicht erwarteten. Aber niederbuhen konnten sie ihn ja nicht, das gab der Rahmen nicht her, und sie waren sowieso völlig absorbiert von dem »Glück«, bei dieser Gala (im Fernsehen!) anwesend sein zu dürfen, welche Ehre, also klatschten sie und merkten gar nicht mehr, was sie da gerade beklatschten. Genial! Udo Jürgens, der Therapie-Gift-Streuer. Es gibt überhaupt niemanden in unserer Medienwelt, der eine solche Position innegehabt hätte. Einen Wolf Biermann hätten sie niemals hingesetzt vor das Gala-Publikum. Genauso wenig, wie sie Udo Jürgens jemals vor ein Parlament gesetzt hätten. Denn Udo Jürgens ist, wie gesagt, einer, der nie die Mode der diversen Polarisationen mitmachte. Man muss ja immer für etwas stehen im Medienzirkus und in der Manege der Öffentlichkeit. Jeder Gladiator muss seine bestimmte Waffe, seine bestimmte Kampfart haben. Der eine mit Dreizack und Fischernetz, der andere mit Helm, Schwert und Schild (siehe Asterix). Dann hat man seine Nische. Wofür stand aber Udo Jürgens? Was genau war denn seine Marke, sein Branding (ich meine natürlich nicht den Bademantel)? Wo andere in ihrem vorvergangenen Leben am besten Leichenwäscher oder irgendetwas anderes vermeintlich Spektakuläres waren und das auch brav in ihre Biographie reinschreiben, wo andere die Lords der Dunkelheit geben oder die Strahlemänner des Ballermanns oder des Bierzelts, wo andere mehr oder minder ehrliche (authentische?) Kämpfer im politischen Sektor waren und dafür standen, was war denn zwischen all denen Udo Jürgens? Nicht festschreibbar. Und das ist auch so eine Udo-Jürgens-Erzählung und somit eine Erzählung über unsere Öffentlichkeit und wie sie funktioniert: Udo Jürgens war genau das eine und einzige Gegenbild zu dieser Öffentlichkeit innerhalb dieser Öffentlichkeit. Indem er mitten in den Medien und der Öffentlichkeit stand, stand er zugleich über beiden und auch neben beiden. Wie in einem Ja immer ein Nein sichtbar wird, als Gegenteil, und umgekehrt in einem Nein immer das Ja, so stand Udo Jürgens immer quer und mittendrin zu allem und blieb, medientechnisch gesehen, amorph und hatte keine Nische. Der Elder Statesman der Unterhaltungsindustrie. Über Nick Cave sagt keiner, er sei eben Nick Cave. Nick Cave ist immer dies und das (dunkel, intelligent, abgründig, literarisch). In der großen Öffentlichkeit ist Nick Cave übrigens immer bloß der, der mit Kylie Minogue gesungen hat. Das ist seine öffentliche Schlussreduktion: der Sänger der Düsternis, der mit Kylie Minogue sang. Die Verlegerin des Suhrkamp Verlags, Ulla Unseld-Berkéwicz, hat auch ihre öffentliche Erzählung weg. Die geht ganz einfach: schwarz, Witwe. Mein berühmtester Auftritt war ebenfalls eine bloße öffentliche Erzählung über mich (und zwar in der *Bild*-Zeitung). Es ging um ein Schloss in Potsdam. Seitdem werde ich manchmal allein an der Potsdamgeschichte erkannt: »Ach, sind Sie nicht der Schriftsteller, der das Schloss in Potsdam haben wollte?«

Aber bei Udo Jürgens streckten sie allesamt irgendwann die Waffen und sagten, Udo Jürgens sei eben Udo Jürgens. Er war *hors catégorie*, und das nicht einmal aus Verweigerungsabsicht. Er war ja kein Verweigerer. Er ist nur eben das völlige Gegenbild zu dem, wie Öffentlichkeit funktioniert, und genau das ist Udo Jürgens' Erzählung über Öffentlichkeit. Er stand, das wissen wir alle, für sehr viel, aber in den Medien stand er für nichts bzw. alles. Er war nicht greifbar. Ein Luftgeist wie Ariel.

Ein anderer Aspekt: Udo Jürgens war für uns, ob wir es wahrhaben wollten oder nicht, auch immer eine Erzählung über Leben, Vergänglichkeit und Ewigkeit. Mit Ewigkeit meine ich nicht Jugendlichkeit. Ich meine nicht den ewig schlanken und virilen Nick Cave, der sowieso erst Anfang der Achtzigerjahre in unser Leben trat. Sondern dieses eigentümlich Axiomatische an Udo Jürgens: dass er einfach immer da war, selbst wenn er gar nicht aktualisiert war. Schlicht gesagt: Man konnte immer zur Bibel greifen, man konnte aber auch immer zu Udo Jürgens greifen. Man musste auch nie Fan sein. Aber man war immer unverlassen. Und wenn man sich das Leben erzählte dadurch, dass man sich Udo Jürgens erzählte, war die Erzählung immer offen, unabgeschlossen, als sei Ewigkeit in sie hineinverwoben und als sei diese unauslöschlich. Und man ist immer davon ausgegangen, dass das einfach so ist und immer bleibt, und der körperliche Eindruck, den Udo Jürgens am Ende machte, war ja absolut dazu angetan, einem zu suggerieren, dass man sich vorderhand überhaupt noch gar keine Gedanken um irgendetwas machen müsste.

Das sind aber, wie gesagt, nur narrative Bruchstücke. Das Skandalon dieses Todes war womöglich, dass mit Udo Jürgens die Person starb, der wir unter allen Lebenden in unserer Erzählung über die Welt immer am meisten getraut haben und die wir zugleich auch mit sehr vielem von uns beladen konnten. Als sei er ein notwendiger Teil unserer selbst gewesen. So gesehen starb also an jenem Tag in jedem von Udo Jürgens' Zeitgenossen ein Teil ihrer selbst, nämlich der Udo-Jürgens-Teil in uns, auf dessen Dasein wir immer vertraut hatten, ohne es je zu begreifen. Das Offene und Allgemeine ist nun fort. Wir können es mit niemandem weitererzählen. So offen und allgemein wird uns niemand mehr zur Verfügung stehen.

Wir begriffen es in dem Moment. Und das war, glaube ich, für viele der Grund für diesen Schock. Die Offenheit und Allgemeinheit, die Udo Jürgens für uns liefern konnte und die wir mit ihm herbeierzählten, verschwand in diesem Augenblick und ließ uns allein. Zurück bleibt die übliche, in unendlich viele Teile zersplitterte, uneinheitliche Welt, die uns zu Entscheidungen zwingt, ohne uns je von ihnen zu entlasten.

Neulich stand ich am Buffet

Neulich stand ich am Buffet der Apfelweinwirtschaft Zum Gemalten Haus in Frankfurt-Sachsenhausen auf der Schweizer Straße. Ich trank Apfelwein, es war sonst niemand da von den üblichen Buffet-Leuten, also denen, die da immer stehen, und setzte mich auf das kleine Zweisitzerholzbänkchen direkt neben der Eingangstür. Es war Nachmittag, die Sonne fiel durch die getönten Scheiben, es machte sich Frankfurter Licht breit.

Das Frankfurter Licht schafft stets Wehmut und Erinnerung. Darin ist es völlig anders als das Wetterauer Licht, aus dem ich ursprünglich komme. Als ich noch in der Wetterau gelebt habe, habe ich stets geglaubt, die Wetterau kenne das auch: Wehmut und Erinnerung. Aber da ist die Wetterau gar nichts gegen Frankfurt. Erst in Frankfurt beginnt das Leben richtig wehzutun.

In der Wetterau schauen alle stets nach vorn. In Frankfurt die meisten zurück. Frankfurt ist eine Erinnerungslandschaft, und die Erinnerungstechnik besteht darin, diese getönten Scheiben in die Apfelweinwirtschaften zu bauen, das Licht hindurchfallen zu lassen und dann ins Schoppenglas zu starren wie die Wahrsagerin bei ihrer Zukunftsansage. Im Gegensatz zu ihr blicken wir aber in die Vergangenheit. Der EZB-Turm wird in den Frankfurter Schoppengläsern erst erscheinen, wenn er wieder niedergemacht worden ist. Für die Frankfurter wird er erst dann wirklich existieren, wenn er wieder weg ist und man sich an ihn erinnern kann.

Ich saß also auf jenem Bänkchen, mit dem auch eine Erinnerung verbunden ist. Einstmals hatten meine Frau und ich uns auf dieses (in Frankfurt bekannte) Zweierbänkchen neben dem Eingang gesetzt, da war es schon längere Zeit ein wenig unsicher und locker und sozusagen zittrig wie ein alter Frankfurter gewesen, und es macht pardauz wie bei Hergé, und meine Frau und ich sitzen auf dem Boden, was ausgesehen haben muss wie bei Schulze und Schultze in den Tim-und-Struppi-Comics.

Wozu man in Frankfurt in den Wirtschaften übrigens auch neigt, ist das Abschweifen. Geradezu schwejkhaft gelangt man vom einen zum nächsten Thema, ohne das erste abgeschlossen zu haben, und kommt dann in schöner Regelmäßigkeit zum vorigen Gesprächsglied gar nicht mehr zurück, sondern endet irgendwann beim fünfundzwanzigsten. Der Unterschied, der den Schriftsteller ausmacht, ist, dass dieser wieder zurückkommen kann, denn er hat es schriftlich notiert.

Neulich saß ich also auf jenem wieder gut befestigten Bänkchen, starrte allein für mich ins Schoppenglas, und plötzlich sah ich einen ganz bestimmten Tag aus der Vergangenheit vor mir. Es war der *Tag meines ersten Udo-Jürgens-Konzertes.*

Mein erstes Udo-Jürgens-Konzert … Ich muss dazu sagen, dass ich immer extrem spät zu den Dingen komme. Das geht mir fast mein ganzes Leben schon so, denn eigentlich schaue ich immer nur zurück und nie nach vorn. Natürlich ärgere ich mich, dass meine Bekehrung bzw. Verwandlung (meine Wandlung hin zu Udo Jürgens) nicht schon in den, sagen wir, Achtzigerjahren stattgefunden hat, aber das steht wie gesagt in einer langen Reihe von Verspätungen.

Mit dreizehn, vierzehn Jahren war ich noch einigermaßen pünktlich. Zum Beispiel als Bots in Deutschland herauskam, ging ich gleich auf Bots-Konzerte. Hannes Wader hörte ich damals schon oft auf diversen Demos, aber ich schätzte ihn noch nicht so wie später. Zum Biermann ging ich ebenfalls früh. Pünktlich war ich z. B. auch, als Eliahu Inbal sämtliche Mahler-Sinfonien in der Alten Oper dirigierte, da fuhren wir dann immer mit dem Schulbus aus der Wetterau hin. Ich habe auch noch rechtzeitig Bernhard Minetti gesehen und einmal sogar ein lustiges Gespräch mit ihm gehabt, da war ich Abiturient.

Auch Segovia habe ich noch gehört. Auch wenn er da schon kaum mehr konnte. Vor allem bin ich froh, dass ich ganz früh den damals noch musikalisch hochdepressiven Wolfgang Ambros kennengelernt habe (ich meine: auf Platten). Der hat meine erste halbe Jugend gemacht (und entsprechende Spuren hinterlassen).

Aber ab 1984 habe ich eigentlich alles Neue verpasst. Es folgten meine disziplinierten Jahre. Selbst für meinen Fußballverein meinte ich mich nicht mehr interessieren zu müssen. Es ging ab da nur noch um Musik vergangener Epochen (von Desprez bis Skrjabin), um Bücher und um Mädchen.

Nick Cave etwa lernte ich sage und schreibe erst 2002 kennen. Den Namen Joy Division habe ich vor ein paar Jahren zum ersten Mal gehört. New Order kenne ich gar nicht. Oder Portishead und dergleichen. Oder noch viel schlimmer: Can. Überhaupt Holger Czukay. Ging alles an mir vorüber, obgleich ich das in der Zeit vor 84 ja hätte hören können. Immerhin habe ich Ian Anderson mit Jethro Tull noch vor seinem endgültigen stimmlichen Absturz erlebt. Tull-Konzerte waren sowieso phantastisch.

Der immer da war, als Einziger, und zu dem ich schon seit langer Zeit gehe, ist Paolo Conte.

Oder The Notwist. Kenne ich erst seit dem letzten Album, und dabei hatte ich schon vorher mit deren Manager zu tun.

Wahrscheinlich bin ich auch der einzige Mensch meiner Generation, der von der Existenz einer Band namens The Smiths erstmals im Jahr 2005 oder so gehört hat. Die hat sogar meine Frau gehört, bevor wir uns 1993 kennenlernten. Und meine Frau hat früher sonst eigentlich fast nichts gehört.

Daher war der Udo-Jürgens-Schock vielleicht ja auch so groß, als Nina, die Lehrerin aus dem Gießener Raum, mich verwandelte und zu ihm bekehrte. Ich kam zu Udo Jürgens, da war er bereits sechsundsiebzig. Das heißt, ich habe bei ihm ein ganzes Leben verpasst. Ich hätte dreißig Jahre auf Udo-Jürgens-Konzerte gehen können. Es gibt nur ein einziges weiteres so riesenhaftes Missgeschick in meinem Leben: Wolfgang Wagner, den Wirt der Apfelweinwirtschaft Zu den drei Steubern in Frankfurt, Dreieichstraße Ecke Klappergasse. Ich gehe zwar seit Anfang der Neunzigerjahre konsequent zum Apfelwein, aber da ich ein konservativer, starrer, unbeweglicher Mensch bin, hatte ich mich schnell auf eine Wirtschaft festgelegt, eben das Gemalte Haus. Seit Anfang der Neunziger aber sagten mir Menschen, ich sollte mal in die Drei Steuber gehen. Ja, gut, dachte ich immer, man bekommt ja dies und das gesagt, aber man muss ja nicht alles machen, was einem gesagt wird. Ich ging fünfzehn Jahre lang konsequent fast ausschließlich ins Gemalte Haus, es handelt sich ja auch um eine wirklich schöne Wirtschaft.

2006 war ich in der Villa Massimo. Udo Jürgens war fern, er war noch kaum wieder ein Begriff in meinem Leben (er spielte damals die *Jetzt oder nie*-Tournee, seine zwanzigste). Wenn ich zu Besuch nach Deutschland fuhr, ging ich ins Gemalte Haus. Ich vermisste nichts.

Als ich im Januar 2007 aus Rom zurückkam, suchte ich eines Tages mehr oder minder zufällig die Wirtschaft Zu den drei Steubern auf. Ich wurde verwandelt. Wie damals von Nina im Haus der Malerin. Und ich sagte mir anschließend: Du Idiot, du hättest die Drei Steuber schon 1990 kennenlernen können, ja müssen. Du hast siebzehn Jahre deines Lebens versäumt. Nach wenigen Wochen schon schwor ich meinen Steuber-Schwur: Immer, wenn ich in Frankfurt bin und Wolfgang Wagner hat an diesem Tag auf, gehe ich mindestens einmal hin.

Nach dem ersten Konzert von Udo Jürgens sagte ich mir, du gehst jetzt immer zu Udo Jürgens, wenn er auf Tournee geht. Ich dachte ja damals, er werde hundert und wir hätten noch Zeit …

Mein erstes Udo-Jürgens-Konzert: Die Wetterauer Malerin, Nina und ich versammelten uns vorher im Gemalten Haus und tranken uns warm. Ich war schon vor dem Konzert überzeugt, dass Alkohol einerseits die Udo-Jürgens-Wirkung maßgeblich verstärken, andererseits aber auch als Palliativ nötig sein würde, um nicht völlig von Udo Jürgens überrannt zu werden. Da die Musik von Udo Jürgens ja so schon emotional kaum auszuhalten ist und gewisse Lieder auf Platte einen in etwa so mitnehmen wie fünfmal *Doktor Schiwago* hintereinander, ahnte ich, dass das auf einem

Konzert noch hundertmal stärker der Fall sein würde. Übrigens kann man besser ironisch werden, wenn man trinkt. Und man kann nicht zu Udo Jürgens hingehen, ohne die eigene Emotionalität zu ironisieren, denn ohne das kann man ein solches Konzert gar nicht überstehen. Man weint ja am Ende weniger über seine Lieder, man weint vielmehr über das eigene Weinen und dass man so ergriffen ist. Daher vorher lieber Alkohol.

Wir tranken *Herrengespritzter*. Manche nennen das Getränk auch *Sachsenhäuser Herrengespritzter*. Wobei das Wort *Herren* hier noch ganz altertümlich so etwas wie: edel, auf die Besseren und Oberen bezogen heißt. Etwa wie in Herrenhaus.

Herrengespritzter wurde früher in den Siebziger-, Achtzigerjahren im Gemalten Haus ständig getrunken, das sah dann so aus, dass der Wirt, damals Rigobert Hanauske, oder sein Buffetier, damals meistens Peter Mölter, in einen Drei-Liter-Bembel zwei Liter Apfelwein schüttete und dann einen Liter Sekt. Je nach Qualität des Sektes überlebt man das Getränk besser oder schlechter. Zumindest hat es eine ziemlich knallende Wirkung.

Wenn man heute Herrengespritzten bestellt, wird man angeschaut wie ein Dinosaurier. Das Getränk stammt aus den Zeiten, als es allen noch gutging, als alles am Zocken und noch richtig Geld in Frankfurt vorhanden war, als die Promillezahl selten unter 2,0 sank. Als noch in den Redaktionsstuben gesoffen und geraucht wurde, als noch im Autoverkehr gesoffen und geraucht wurde, als noch nach dem bzw. während des Beischlafs gesoffen und geraucht wurde und als noch im Gemalten Haus gesoffen und geraucht wurde, Ersteres unter anderem mit Herrengespritztem. Und wenn ein Herr am Buffet mit zwei Damen Herrengespritzten trank wie ich am Tag des Udo-Jürgens-Konzertes, dann wusste man sowieso, was los war.

Also stiegen wir, nachdem wir uns herrenmäßig warmgetrunken hatten wie in alten Zeiten, in die U-Bahn, um zu einem Konzert zu fahren, und zwar zu einem Herrn, der ebenfalls aus alten Zeiten stammte und die Epoche noch kannte, wo noch bei allem geraucht und gesoffen wurde: Udo Jürgens. Man fährt ja nicht nur in die eigene Jugend und die eigene Vergangenheit zurück, wenn man in die U-Bahn steigt, um zu Udo Jürgens zu fahren, nein, man reist gleichsam insgesamt in der gesellschaftlichen Zeit rückwärts. Hinaus aus der Hartz-4-NSA-Pegida-Grexit-Blatter-Zeit in die, in der noch alles möglich war und man noch regelmäßig Sportcoupé mit zwei Damen im Arm fuhr.

In der U-Bahn fühlten wir uns allerdings etwas allein. Ich erinnerte mich an das letzte Böhse-Onkelz-Konzert, da hatten alle in der U-Bahn (alle!) Böhse-Onkelz-T-Shirts an und waren schwarz, tranken Bier und schauten düster, als erwarteten sie den Doomsday. Ich saß damals nur zufällig im Zug. Es gab auch einige in schwarzen T-Shirts mit Aufdruck, die schauten nicht ganz so düster und schwätzten nicht vom Doomsday, sondern von alten Tagen, als die Böhsen Onkelz auch noch jünger waren, das waren dann Frankfurter, man hörte es. Die hatten eine Possmannflasche in der Hand und kein Bier.

Bei uns in der U-Bahn zum Römer: Kein Anzeichen, dass ein Udo Jürgens in der Stadt sei. Aber wir fuhren ja vorerst nur zum Römer, um dort in die eigentliche U-Bahn zum Konzert-Ort Festhalle umzusteigen.

Als wir am Römer umstiegen, waren wir dann doch zunehmend betreten. Kein Udo-Jürgens-T-Shirt, keine Bademäntel, keine Anzüge mit roten Einstecktüchern, nichts, nur das allgemeine Fahrpublikum. Da fühlten wir uns für einen Moment seltsam. Hatten wir uns, indem wir zu einem Konzert von Udo Jürgens fuhren, so außerhalb jeden normalen Maßstabs gesetzt? War das so ungewöhnlich? Waren wir so anachronistisch?

Auf dem kurzen Weg zur Station Festhalle/Messe musterten wir alle im Waggon daraufhin, wer wohl aussteigen und zum Konzert gehen könnte. Offenbar niemand. Alles sah einfach aus wie immer, wie jeden Tag. Es waren solche Leute im Zug, wie sie immer in diesem Zug sind.

Als der Zug zum Stehen kam und die Türen sich öffneten, stiegen alle aus, der komplette Zug. Das war ein bemerkenswertes Statement! Auch in der ausverkauften Festhalle selbst sah ich das ungewöhnlichste

Publikum meiner Konzertgängerkarriere versammelt. Man erkannte sie an nichts. Man könnte sofort *ad hoc* ein Leonard-Cohen-Publikum charakterisieren, ein Paolo-Conte-Publikum (sieht leider am ehesten aus wie eine Lehrerzimmerbelegschaft), genauso wie ein Oasis-Publikum oder ein, sagen wir, Funny-van-Dannen-Publikum. Bei Peter Gabriel stehen sie in alten Genesis-*Selling-England-By-The-Pound*-Tournee-T-Shirts oder dergleichen herum, und die T-Shirts wölben sich über den Bierbäuchen. Hier aber war nichts charakteristisch, abgesehen von einem gewissen Glanz, der auf allen Gesichtern lag. Ein seliger Champagnerglanz. Als hätten alle Herrengespritzten getrunken.

In keinem Lied des Konzertes ging es um Sex oder Tod. ›Die Nacht mit dir, von der ich träume‹ und dergleichen kommt in seinen Liedern nicht vor (da heißt es dann höchstens: *Ich weiß, was ich will*, und das ist ja auch ganz konkret gesagt). Und gestorben wird nirgends bei Udo Jürgens. Dennoch, obgleich beides gerade bei ihm nicht vorkommt, war während des Konzertes zweierlei deutlich zu spüren, erstens die überall einsetzende allgemeine Verjüngung, die jeden Konzertbesucher ergriff, der dem Tod schon nähergerückt war (*vice versa* wurden die völlig verknallt herumstehenden sechzehn- oder siebzehnjährigen Mädchen plötzlich mindestens zehn, fünfzehn Jahre älter). Und zweitens die kraft des Jürgens'schen Wahrheitsausdrucks um sich greifende, ja, wie soll ich sagen, erotische Betroffenheit vom eigenen Leben. Es war so, als wollten schon während des Konzerts alle unbedingt sofort mit irgendwem ins Bett, auch wenn sie das vielleicht schon seit zwanzig Jahren nicht mehr gemacht hatten oder bislang noch nie. Daher schrieb ich einmal, dass die Koitalquote nach einem Udo-Jürgens-Konzert ähnlich hoch sein dürfte wie bei einem allgemeinen deutschen Betriebsausflug (der einer Karnevalsfeier statistisch kaum nachsteht).

Ich stand am Buffet im Gemalten Haus und starrte in mein Schoppenglas. Und sah darin das ganze Konzert. Und sah eigentlich die ganze vergangene Welt. Die ganze Welt im Schoppenglas, im Gemalten Haus am frühen Nachmittag im Frankfurter Licht.

Bei Udo Jürgens heißt es: »Schau nach vorn, nicht zurück.«

Bei uns in Frankfurt heißt es anders. Frankfurt, das ist: Schau zurück, nicht nach vorn, und würdige das da vorn erst dann, wenn es schon wieder hinter dir liegt. Nennen wir es: Das Frankfurter Gesetz.

Neulich dachte ich über das Geschlechterverhältnis nach

Neulich habe ich über Udo Jürgens und das Geschlechterverhältnis nachgedacht.

Ich beginne mit den Stereotypien. Dem allgemeinen Bild nach war Udo Jürgens »irgendwie« ein Frauentyp, seine Lieder scheinen teils von einem gewissen Machismo geprägt, zumindest auf den ersten Blick. *Merci Chérie* wurde bereits eingehend analysiert, wir wollen hier auf *Es wird Nacht, Senorita* schauen. Dieses Lied, vermeintlich ein Party-Gassenhauer, wurde von Udo Jürgens auch auf seiner letzten Tournee gesungen, und zwar so, als wolle er noch einmal auf dieses Lied hinweisen und es ins rechte Licht rücken. Wer *Es wird Nacht, Senorita* bei diesen Auftritten gehört hat, dürfte an dem Lied etwas bemerkt haben.

Dieses Lied funktioniert sehr explizit. Der Mann (Wanderer) erbittet Herberge, dann einen Kuss, dann einen Koitus mit der Gastgeberin. Da ist er scheinbar: der Frauen gewinnende, triebgesteuerte Udo Jürgens. Sein Ziel: Eroberung. Sex. Seine Argumente: Er ist/küsst/liebt besser als die anderen. Der noch nicht so ganz sichere Udo Jürgens der Endsechzigerjahre hat das Lied mit einem koketten, anzüglichen Grinse-

Gesicht gesungen und dabei stets versucht, zeitgleich eine Bin-ich-nicht-ein-Unschuldsjunge?!-Miene zu ziehen. Vielleicht sollte er das so, und man hatte es ihm eingeredet. Er erheischte dadurch das Einverständnis des männlichen wie weiblichen Publikums, das sich die offenbar in Spanien geschehenden Dinge dann genüsslich ausmalte.

2014 aber trug Udo Jürgens dieses Lied mit einem Ernst und einer Dringlichkeit vor, die nicht durch Eros, Eroberungswille und Koketterie, sondern durch etwas ganz anderes geprägt waren. Ich möchte zunächst festhalten, dass dieses austriaco-iberische Männer-Lied geradezu paradigmatisch eine bestimmte Rollenverteilung vornimmt. Der werbende Wanderer bringt zwar ein Thema nach dem anderen aufs Tableau (Ruhe, Kuss, Liebe), aber die eigentliche Handlungsvollmacht in all diesen Themenbereichen überträgt das Lied ausschließlich der Frau. Der Wanderer bringt ein Anliegen vor, will damit überzeugen, aber überlässt die jeweilige Entscheidung ausschließlich der Senorita. Im Kern des Liedes steckt nicht das immer für Partylaune sorgende hahnenhafte Gebalze (in der Version von 2014 ist das ironische Gebalze ganz aus dem Gestus herausgenommen), sondern etwas anderes. Es steckt darin, über Eros und Appetenz hinaus, zunächst die völlig selbstverständliche Anerkennung des anderen in seiner Selbstbestimmtheit. Die erotische Überwältigung findet, wenn überhaupt, beim

Sänger/Wanderer statt, aber er selbst überwältigt nicht (ganz anders als noch bei *Merci Chérie*), sondern trägt lediglich eine Frage vor. Das Anliegen des Liedes ist, neben allem oberflächlichen Herumgockeln mit Sexualqualitäten, die aufrichtig gemeinte und ganz sachliche Frage nach einem vorübergehenden, zeitlich begrenzten Vertragsabschluss.

Dass dem Lied diese überraschende Sachlichkeit innewohnt, zeigt sich schon in dem, was das Lied, im Gegensatz zu anderen Liedern solcher Art, *nicht* macht. Es ist auffällig, dass der Sprecher des Liedes nur von sich selbst spricht, aber nicht von Senorita. Er lobt ausschließlich seine eigenen Qualitäten und sagt, was er will, versucht aber Senorita nicht durch Komplimente zu erobern im Sinne von: *Du hast mich so verzaubert, dein Haar ist so schön, wenn deine Augen lächeln, sterbe ich fast* etc. Das heißt, er bestätigt die Frau nicht in dem Bild, das sie möglicherweise ihrer Rolle gemäß von sich schafft und in dem sie gefallen will. Er interessiert sich überhaupt nicht für ihr Aussehen und ihren Auftritt (obgleich »Bestätigung« eigentlich zu den wichtigsten Balzregeln gehört). Diese Seite des üblichen Krieg-ich-dich?-Spiels lässt das Lied völlig außer Acht. Es gibt keine Komplimente. Und der Sänger erheischt auch keine Komplimente für sich. Das braucht er nicht, denn er ist von sich mit offenbar guten Gründen überzeugt.

Er macht vielmehr, wie gesagt, durch sein explizites Anfragen ein Angebot. Es lautet: Ich würdige dich ebenso als Mensch wie mich, und ich gehe davon aus, dass du ebenso wie ich mit einer dir innewohnenden Hoheit deinem Menschsein gegenüberstehst. Menschsein bedeutet ja unter anderem, ein geschlechtliches Wesen zu sein, und eine der Hauptaufgaben von Zivilisation besteht bekanntlich darin, eine Art Verabredungsstruktur, eine Vertragsstruktur, ein Reglement für das zu finden, was uns da mitgegeben ist. Wie wir aus Erfahrung wissen, geht das aber so gut wie immer schief. Was überpersonal gesehen ein Reglement sein soll, ist für den Einzelnen meist hauptsächlich Zwang, Ideologie, und am schlimmsten ist, wenn der Betreffende diesen Zwang und diese Ideologie internalisiert, auf andere anwendet und in seiner Triebunerfülltheit selbst zum Moralapostel wird (thematisiert in *Es lebe das Laster*). Tatsächlich haben die meisten Menschen zwar eine Sexualmoral, aber nicht nur eine überaus rudimentäre, sondern eine meist völlig fremdbestimmte.

Das öffentliche Bild von Udo Jürgens war dementsprechend: Das, was Udo Jürgens z. B. »machte«, als er seine erste Ehe scheiden ließ, das »macht« man nicht (zumindest zur damaligen Zeit). Außereheliche Kinder, das »macht« man nicht. (Geheimhalten immerhin, das darf man). Udo Jürgens hat ziemlich viele Dinge »gemacht«, die man nicht »macht«. Bis hin zur transnationalen Vaterlandsbeschmutzung in *Lieb Va-*

terland. Das war gerade einmal vier Jahre nach *Merci Chérie.*

Natürlich »macht« man es auch nicht, dass man eine Senorita auf Augenhöhe fragt, ob man gemeinsam Sex haben möchte. Da bringt man lieber Blumen mit, macht erst mal schöne Augen, sucht die Grenze, schaut, wie weit man gehen kann, camoufliert. Wenn man Sex haben will, sagt man gar nichts explizit, man handelt. Ist denn Explizität nicht der Tod jeder Romantik? Romantisches Flirten, den anderen bezirzen, es im Wortlosen belassen, daraus entstehen Liebesschlager. Das Bett von Jürgen Drews musste z. B. eins im Kornfeld sein, und dabei ging es auch da nur ums Vögeln. Sommer, Heu, Grillen, Sterne, was musste Jürgen Drews nicht alles auffahren, um die Situation zu kontextualisieren. Da muss der nicht explizit Antragende erst einmal bei Lagerfeuerschein seine ganze Lebensgeschichte erzählen, also das übliche präkoitale Einlullen praktizieren.

Das Lied von Udo Jürgens dagegen versetzt uns in die Sphäre des selbstverantwortlichen, vertragsfähigen Humanen, das doktrinäre Moral transzendiert, direkt beim Menschen selbst anlangt und ihn in seiner Eigenständigkeit würdigt. Auf der letzten Tournee sang Udo Jürgens dieses Lied folglich so ernst, als müsste er den Menschen, der ihm gegenübersteht (Senorita), mit einer fast finalen Dringlichkeit davon überzeugen, endlich zu sich selbst zu kommen und die institutionalisierten Wege von Liebe und Moral zu verlassen. Es klang, als hätte er, Udo Jürgens, quasi schon vierzig Jahre auf sie (Senorita) eingesungen, und nun wäre er längst des Ansingens müde und wollte nur noch sagen: Versteh, es ging immer um eins: dass wir alle in Wirklichkeit Menschen werden.

Es ist, gemäß dem Udo-Jürgens-Weltkonstrukt, die radikale Emotionalität, die stets das unbedingt Wahre einfordert. Ein permanent thematisiertes Nicht-lügen-Können und -Wollen. Deshalb sollte man auch auf Formulierungen verzichten wie: Der Wanderer *wolle Sex* mit Senorita. Nur folgendermaßen trifft man die Jürgens'sche Intention: In der vorliegenden spanischen Situation (Er, sie, Nacht, Herberge, Bettchen) wäre der Koitus *für beide* die der Situation zugrunde liegende Wahrheit. Alles andere wäre weniger wahr. Der Wanderer möchte Wahrheit.

Dass die Jürgens'sche Emotionalität sich in *Es wird Nacht, Senorita* als Kommunikationsmittel ganz explizit des Koitus bedient, klingt zunächst wie ein anbiederndes Einholen des vom Publikum stets erwarteten Anzüglichen. Der Koitus ist hier aber gedacht als etwas, in dem beide Personen sich in gegenseitiger Offenheit, des gesellschaftlichen Rollenspiels entkleidet, als Menschen in ihrem Eigenwert überhaupt erst wirklich begegnen können, und zwar gerade aufgrund des beide Personen gleichermaßen auf Augenhöhe würdigenden Vertragsabschlusses. Es gibt hier kein psychologisches Einlullen, das den anderen bloß als zu gewinnendes und zu eroberndes Objekt degradiert. Durch institutionalisierte Moral und die sich daraus ergebende Camouflage entsteht immer Unwahrheit. Im Schlager wird daraus Kitsch, er ist die Ausformung dieser Unwahrheit. Die direkte Anfrage des Sängers in *Es wird Nacht, Senorita* dagegen lässt Unwahrheit gar nicht erst aufkommen.

Udo Jürgens wollte dieses Lied am Ende seines Lebens sichtlich in die eigene Deutungshoheit zurückholen. Er sang, im Alter von achtzig Jahren, das Lied so unkokett, dass es bis auf sein Gerüst entkleidet war: Bist du willens, uns gegenseitig (und damit dich selbst) in freier Begegnung zu würdigen? Offenbar war es ihm nur noch auf solche Weise möglich, ein Lied zu singen, dem an sich eine klassische Geschlechterrollenverteilung zugrunde liegt. Der Mann ist hier zwar nicht mehr der, der wie der Täuberich vor der Taube herumspaziert, um Eindruck zu machen, aber er ist nach wie vor der Anfragende, von ihm geht die Aktion aus, und die Frau ist die Antwortende und Entscheidende. Das letzte Wort liegt, wie wir gesagt haben, bei der Frau. Knapper gesagt: Das, was an *Es wird Nacht, Senorita* noch dem üblichen Rollenbild entspricht, ist: Er fragt, sie antwortet.

Es fällt auf, dass Udo Jürgens später das übliche Geschlechterrollenspiel überall umgehen wird, in seinen Liedern wie in der öffentlichen Erzählung seiner

Person. Es gibt auch, soweit ich sehe, außer in dem philosophisch-existentiell vom Begriff der menschlichen Autonomie her konstruierten Modell von *Es wird Nacht, Senorita*, später kein Lied des Österreichers, in dem diese Balz- und Werbungsstruktur schlagermäßig bedient würde. Sang er in den ersten Jahren des Erfolgs noch Lieder, deren Geschlechterrollenkonzept klassisch orientiert war (*Merci Chérie*, der eigentliche Männer-Song des Udo Jürgens), so wird Udo Jürgens immer autonomer und lässt ab den Siebzigerjahren nur noch Texte zu, die sich seinem System der radikalen Emotionalität eingliedern lassen. Es findet eine völlige Balzverweigerung statt, Udo Jürgens' Œuvre wird geradezu zu einer Balzablehnung. Mir wird immer deutlicher, dass sich Udo Jürgens hier geradezu an der Auflösung der klassischen Geschlechterrollen abarbeitete. Das wollen wir abschließend noch kurz beleuchten bzw. als These in den Raum stellen.

Befremdlich an der Mann-Rolle ist für den, der sich darin befindet, immer eins: Man balzt, bietet viele Mittel auf, sei es Reichtum und Prunk, sei es der ebenso übliche Dackelblick, aber man kommt nie in die Position, das letzte Wort zu haben (es sei denn, man wendet Gewalt an, was allerdings von staatlicher Seite strafbewehrt ist, als Nötigung, Körperverletzung, Vergewaltigung, Totschlag oder Mord). Es ist immer die andere Seite, die entscheidet. Als eine Person in der Männerrolle (ich halte das hier mit Absicht biologisch geschlechtsunspezifisch und spreche ausschließlich von tradierten Rollen) muss man sich also abstrampeln, ist aber stets vom Gegenüber abhängig bzw. vom Staat mit Strafe bedroht.

Dem Abstrampeln aus der Männerrollensicht steht – was die tradierte Frauenrolle angeht – ein permanentes Sich-Putzen und Zurechtmachen gegenüber. Die »Frau« will attraktiv erscheinen, damit der »Mann« auf sie aufmerksam wird. Ist der »Mann« auf sie aufmerksam geworden, beginnt er sich abzustrampeln und balzt. Am Ende lässt die »Frau« ihn dann heran oder nicht. Das ist kulturell so unendlich lang eingeübt, dass daraus lange Zeit kein Jota des Entkommens möglich schien. Ich glaube, genau hier setzte der sisyphotische Kampf des Udo Jürgens an. Es ist genau das, was er grundlegend nicht akzeptierte. Im Leben nicht und auch nicht in der Unterhaltungsindustrie.

Das System der radikalen Emotionalität: Hier putzen sich keine Menschen in schlagergemäßen »Frauen«-Rollen, damit der Blick von Menschen in schlagergemäßen »Männer«-Rollen auf sie fällt, und es bieten Letztere auch keinerlei Mittel auf, um Erstere davon zu überzeugen, sie an sie heran- bzw. auf sie heraufzulassen. Liebe ist hier vielmehr als Wahrheit und Begegnung in gegenseitiger Autonomie gedacht. Und die Autonomie und Würde des Einzelnen, von denen auch *Es wird Nacht, Senorita* bereits spricht, erfordert schlussendlich, dass diese überall zugrunde gelegte

Rollenverteilung eigentlich aufgelöst werden müsste. So gesehen war nach anfänglichen Geschlechterexzessen wie in *Merci Chérie* das spätere *Es wird Nacht, Senorita* in der Werkentwicklung von Udo Jürgens die Wittgenstein'sche Leiter, auf die er steigen musste, um sie anschließend, oben angelangt, nicht mehr zu brauchen.

Neulich wurde ich verwandelt

Neulich wurde ich also verwandelt. Das ist nun auch schon wieder ein paar Jahre her. Nicht nur die Kirche kann verwandeln. Auch Menschen können verwandeln. Mich verwandelte Nina, die Gymnasiallehrerin aus dem Gießener Raum. Es war im Haus der Wetterauer Malerin, diese weilte zu der Zeit auf Kreta, um ihre Kinder zu malen. Während die Wetterauer Kinder auf Kreta gemalt wurden, hüteten meine Frau und ich das Haus der Malerin und bekamen Besuch von Nina, die mit der Malerin einstmals zusammen studiert hatte, in Siegen, einer Stadt, in der es angeblich immer regnet.

Ich selbst war fünfundzwanzig Jahre zuvor mit der Malerin nach Siegen gefahren, weil sie dort ihre Mappe abgab. Das war mein einziger Siegen-Aufenthalt. Es soll dort tatsächlich wirklich immer regnen.

Den Erzählungen nach war es in Siegen so unwirtlich und übrigens auch ständig kalt, dass die spätere Gymnasiallehrerin und die spätere Malerin meistens gemeinsam in einem Bett übernachteten, zwecks Wärmeaustausch, und die eine ihre Beine um die andere schlang, so wie auch die Männer früher in den Schützengräben in der Nacht näher zusammengerückt sind und die Zaunkönige im Winter das bei uns immer noch tun.

Dabei sollte doch der Name Siegen einer Stadt eigentlich Glück bringen.

Die Gymnasiallehrerin Nina kannte ich zuerst immer nur aus Erzählungen, sie war anfänglich, also nach dem Studium, auch keine Gymnasiallehrerin, sondern bei irgendeinem Popfunk in Köln oder bei RTL, keine Ahnung. Meine erste Begegnung mit ihr fand auf einer Party statt. Als schon alle ziemlich betrunken oder bereits gegangen waren, entwickelte sie die »Theorie von der Spießigkeit unserer Altersgenossen«.

Mit dem Wort Spießigkeit hat es das intrikate Problem, dass es sich notgedrungen immer gegen den wendet, der es ausspricht. Meine Frau und ich fuhren an jenem Abend mit flammendem Schwert argumentativ dazwischen. Angeblicher Beweis für die Spießigkeit unserer Altersgenossen war laut Nina, dass diese alle, wie schon die Elterngeneration, zu Mitgliedern in Tennisvereinen oder Rudervereinen oder dergleichen würden.

Weder meine Frau noch ich spielen Tennis oder gehen Rudern, aber wir argumentierten in der Folge an diesem Abend unbedingt für Tennis- und Rudervereine, also dass solche Vereine auch nicht schlimmer als alles andere seien, und gipfelten in dem Gedanken, der Antispießer sei sowieso die höchste Form des Spießers.

Das Gespräch lief dann endgültig auf Grund durch

die schlussendliche Volte Ninas, *sie selbst sei ja auch schon seit zehn Jahren Mitglied in einem Tennisverein.*

Eine schönere Form, jemandem die Sprache zu verschlagen, war in dem Moment kaum denkbar. Seitdem habe ich eine Art Grundvertrauen in die Diskursfähigkeit dieser Frau.

Also, die Verwandlung. Als Nina uns im Haus der Malerin bersuchte, hatte sie Musik mitgebracht, vielleicht weil sie ohne diese Musik nicht auskam oder sich in fremden Häusern verlassen fühlte, wenn sie sie nicht dabeihatte. Wir saßen spät am Abend am Küchentisch, einem riesigen Holztisch, tranken Wein (der Mann der Malerin ist Weinhändler), und sie musste dann plötzlich, wie ein Junkie, ihre Musik hören. Sie steckte also ihr Gerät in irgendein Gerät, das im Haus der Malerin herumstand, dann begann die Musik, und sie sah uns erwartungsfroh und mit einem bereits von den ersten Takten seelisch komplett beruhigten Lächeln an. Es war Udo Jürgens.

Meine Frau und ich schauten unter uns. Ich wusste ja, dass Nina »solche Musik« hörte.

Zu Udo Jürgens hatte ich zu der Zeit keine Meinung. Einmal hatte ich in einem Buch geschrieben: »Dieser Schlagerkram aus den Siebzigern ist für mich ein Greuel, und auch Udo Jürgens geht völlig an mir vorbei, abgesehen davon, dass er ein paar schöne Lieder für Alexandra komponiert hat.«

Also, jetzt saßen wir da und hörten Udo Jürgens.

Griechischer Wein ging noch, aber dann kam so ein Lied mit irgendeinem Drachen. Da will jemand vom reichen Vater eigentlich gar nichts erben und will auch nicht, dass dieser Reichtümer für den Sohn anhäuft, sondern der Sohn will mit dem Vater lieber einen Drachen bauen. Das fuhr mir schon in die Magengegend, meine Frau verzog die Miene, und nach dem dritten Lied sagte sie, das sei schon o. k., aber eigentlich auch genug. Nina war enttäuscht, aber sie wollte noch nicht aufgeben, und plötzlich merkte ich: Sie will das gar nicht für sich selbst hören, sie will, dass wir das hören. Ihr versteht das nicht, sagte sie. Ich: Was ist denn daran zu verstehen oder nicht zu verstehen? Sie sagte: Das ist ganz großes Kino. Das muss man aber erst einmal begreifen. Ich sagte, das sei eine Ansammlung von, na ja, Melodien, und dann solche Texte, Drachen, Vater …

In das vierte Lied, das dann noch kam, ging ich mit ganz großer Ablehnung hinein. Es fing noch peinlicher an. Tuschartige Akkorde, dann ein »Manchmal komm ich so klein mir vor mit meinen großen Tönen«. Also da geht's um einen Sänger. Jaja, einen Sänger … Dann kommen plötzlich von irgendwo her Bilder, die der Sänger im Lied sich anschaut. Von irgendeinem Maler. Was soll das? Ich dachte, schlimmer geht es nicht. Dann steigert sich das Ganze zum Refrain. »Denn mein Bruder ist ein Maler …«.

In diesem Augenblick passierte es. Ich weiß nicht genau, was da passierte, aber es passierte. Es schoss ein goldenes, leicht rötlich getöntes, warmes Licht in mich hinein, nicht unähnlich der Wirkung von Wodka oder Morphinen, und legte sich über die Töne, den Gesang und mich. Es war, als stürzten Stellwände ein. Alles, was mir eben noch peinlich gewesen war, war es plötzlich nicht mehr. Ich hörte das Lied vom Sänger, offenbar Udo Jürgens selbst, und seinem Bruder, und der Sänger-Bruder beneidet den Maler-Bruder um seine Bilder, und am Ende beneidet der Maler den Bruder um seine Lieder. Nichts von dem, was ich hörte, und nichts von der Art, wie der Text funktionierte, war mit den Geschmacksurteilen, mit denen ich sonst durch die Welt laufe, kompatibel. Eigentlich kam nichts von dem, was ich hörte, auch nur irgendwie infrage, weil es eigentlich gar nichts repräsentierte, und auch keinen Teil von mir oder meiner musikalischen Geschichte (von Motörhead bis Francesco da Milano). Es hatte keine Abgründigkeit, es hatte keine besondere Eleganz, keine besondere musikalische Qualität (ich fand das Lied eher etwas schroff), keinerlei Angesagtheit (ich verwende das Wort sonst nie, muss es aber hier verwenden), ich fand nicht einmal die Stimme hundertprozentig angenehm, ich konnte mir keinerlei Zielgruppe für eine solche Musik vorstellen (es handelte sich ja nicht einmal um einen Schlager), sie passte in überhaupt keinen Geschmacksrahmen, und plötzlich erhob sich die Musik und stellte mir die Frage: Wer bist du?

Sie stellte die Frage: Hörst du, dass du in mir das versteckte andere Abbild deiner selbst hörst? Jenes, das entkleidet ist von diesen Geschmacksurteilen und Peinlichkeitsaburteilungen und diesem ganzen Aufwasch, mit dem du jeden Tag herumläufst? Weißt du, welches Gepäck du mit dir herumträgst, und kaum hörst du mich, kommt dieses ganze Gepäck, der ganze Tross deiner Urteile in Alarmstimmung und baut sich frontal gegen mich auf? Weißt du das?

Siehst du, hier bin ich, dein *portrait intime!*, sagte die Musik.

Ich stand nackt da. Ich stand von einem Moment auf den anderen völlig nackt da. Und jetzt, in dem Morphin-Augenblick, merkte ich zugleich, dass auch diese Musik nackt war, unflankiert. Dass sie nie eine Gruppenzugehörigkeit gestalten könnte. Dass ihr das Imperiale, Zwanghafte, Demagogische, Getriebene dazu fehlen würde. Als sei es die Musik eines zu einfach geratenen Menschen. Der eine ganz bestimmte Stufe nicht erreichen kann: die Stufe der Coolness, des Hip-Seins, der Schickheit. Natürlich ist es einfacher, Rolling Stones zu hören, Deep Purple oder Led Zeppelin. Natürlich ist es einfacher, The Notwist zu hören oder Leonard Cohen. Natürlich ist es einfacher allein schon deshalb, weil es einem die eigenen Vorlieben (und damit die eigenen Urteile) ja nicht angreift, sondern bestätigt. Udo Jürgens bestätigt einem aber nicht die eigenen Vorlieben und Urteile. Seine Lieder machen notgedrungen genau das Gegenteil. Weil sie es nicht können und vermutlich auch gar nicht wollen.

Mein Bruder ist ein Maler: Es stand in dem Moment nichts mehr zwischen dem Lied und mir, es gab keine Vermittlungsstufen mehr, es herrschte ein beiderseitiges Anblicken. Meine Seele hatte sich für Udo Jürgens und ein mir bislang verschlossenes Stück dieser Welt geöffnet und es in diesem Augenblick auch bereits verstanden. Am Ende des Lieds war ich in Tränen, weniger des Liedes wegen als infolge meiner Beschämung über mich selbst (wir hatten seit Stunden getrunken), und als dann noch die Schlusswendung kommt und der Bruder seinerseits zitiert wird: »Ja mein Bruder ist ein Sänger ...«, war es um mich geschehen. Ich fühlte mich nach dem Lied zum ersten Mal so, als hätte ich fünfmal hintereinander *Doktor Schiwago* geschaut, und wusste nun, was Nina mit »ganz großes Kino« gemeint hatte (oder hatte sie »ganz großes Tennis« gesagt?). Wir hörten dann noch weitere Lieder, jedes war wie fünf Mal *Doktor Schiwago* am Stück (das ist bei Udo Jürgens ein Grundphänomen), und ich weiß noch, dass der Abend mich sehr auslaugte.

Am nächsten Morgen fuhr Nina, die Lehrerin, zurück nach Gießen. Sie ließ mich zurück. Meine Frau beäugte den Vorgang kritisch. Die Verwandlung hatte sie nicht erreicht, das hat sie bis heute nicht. Bis heute muss meine unverwandelte Frau ertragen, wie ich zu Hause dasitze und Udo Jürgens höre. Und ich weiß von früher (vor der Verwandlung) noch genau, wie schrecklich das für sie sein muss. Ich bin mir sicher, es wäre ihr lieber, sie hätte den damaligen Abend nie erlebt.

Ich denke, ich sollte mit Nina, der Lehrerin, mal ein Interview machen. Vielleicht hat Udo Jürgens für sie ja auch etwas mit den kalten Tagen in Siegen zu tun. Vielleicht war Udo Jürgens für sie zunächst das: Überleben in Siegen.

Neulich traf ich die Udos

Neulich traf ich Kirsten und Sabrina. Auch wir haben uns im Zeichen Udos kennengelernt. Ich nenne sie bei mir »die Udos«. Die Udos kenne ich schon seit Jahren, aber nur vom Sehen. Sie saßen regelmäßig gemeinsam im Gemalten Haus, und irgendwann tauchten sie einmal im Privatgarten des Wirts zum Sommernachtsfest auf.

Wirklich aufmerksam auf die Udos wurde ich aber erst vor kurzem, bei der Frankfurter Apfelwein-Messe im Palmengarten. Da trifft sich jeder. Diesmal war auch André Reuter da. André Reuter hat überhaupt nichts mit Udo Jürgens zu tun, aber mit Apfelwein. Er ist vor über zwanzig Jahren von Frankfurt nach Hamburg gezogen, seine Mannschaft heißt Eintracht Frankfurt, und in seiner Altonaer Wirtschaft Weinberg schenkt er Apfelwein aus, den er sich aus Frankfurt-Sachsenhausen liefern lässt, und zwar aus der Buchscheer. (Insofern hat er doch etwas mit Udo Jürgens zu tun, nämlich indem er seinen Apfelwein just aus der Gaststätte bezieht, in der wir von dessen Tod erfuhren.) Manchmal gibt es bei ihm in Hamburg sogar Handkäse.

André Reuter startet gern einmal durch, was Apfelwein angeht. Vor dem Palmengartengebäude versammelte sich mit der Zeit die gesamte ASG Frankfurt-Sachsenhausen (Apfelweinsaufgruppe Frankfurt-Sachsenhausen) an einem Stehtisch in der knallenden Sonne.

Anwesend waren: der Apfelweinhändler Jens Becker, der Taunuskünstler Hendrik Docken, die Sachsenhäuser Schiffseignerin Stella Junior, der ehemalige Brezelbub Uli Pfeil, die Heilkünstlerin Dani Hoppe und einige andere. An dem Tisch standen bereits zwei Damen, Sabrina und Kirsten. Natürlich kamen wir alle sofort ins Gespräch.

Ich sollte die erwähnten Personen kurz vorstellen, weil ein Außenstehender dadurch einen besseren Begriff davon bekommen kann, was Apfelwein ist bzw. warum Leute wie wir ständig gemeinsam herumstehen (der Übertrag auf Udo Jürgens erfolgt später).

Jens Becker ist mit seinem Laden vor über einem Jahr nach Sachsenhausen in die Brückenstraße gezogen, in eine alte Apotheke. *Summa summarum* kann man bei ihm den einzigen selbstgekelterten Streuobstwiesenschoppen in Sachsenhausen trinken, abgesehen von der Buchscheer. Jeden Tag versammelt sich dort eine dementsprechende Gruppe. Kein Udo-Jürgens-Bezug.

Hendrik Docken hat an der Hochschule für Gestaltung in Offenbach gelernt, wohnt in einem ehemaligen keltischen Oppidum im Wald nahe Frankfurt und macht dort Arbeiten in Holz. Allerdings produziert er nebenbei auch den besten Apfelwein der gesamten Region, deshalb nennen wir Hendoc (so sein Künstlername): Apfelweingott. Oben in seinem Wald hat er unzählige kleine Glasballons herumstehen, kennt jeden seiner Bäume und jeden Apfel persönlich, ist ein verhältnismäßig guter Pomologe und darüber hinaus ein markantes Beispiel dafür, was aus Apfelwein werden kann, wenn jeder Produktionsschritt in einer Hand liegt und die Äpfel von den eigenen Bäumen kommen, insbesondere von den Wildapfelbäumen, mit denen sich sowieso kaum einer auskennt, aber er. Er verkauft seinen Apfelwein übrigens nicht. Er macht ihn nur für sich und uns. Hendoc ist sozusagen eine Himmelsgabe. Neulich fuhr er mit seinem Sohn in achtzig Tagen um die Welt, kaufte währenddessen ein bisschen Regenwald (damit der Wald Wald bleibt), und er hat, um zu unserem Thema zurückzukommen, mit Udo Jürgens nichts am Hut.

Die Schiffseignerin Stella Junior habe ich auf folgende Weise kennengelernt: Eines Tages schrieb ich für die *Zeit* oder die *FAZ*, keine Ahnung mehr, einen Artikel über Apfelwein, unter anderem über die erwähnte Gastwirtschaft Zu den drei Steubern (es war zu der Zeit, als der Wirt, Wolfgang Wagner, noch selbst kelterte). Einige Tage nach Erscheinen des Artikels lief ich die Dreieichstraße entlang und sah den damaligen Kellner Rolf auf den Treppenstufen vor dem Eingang stehen und gucken (die drei Steuber sind eine Eckkneipe). Rolf wie immer in schwarzen Hosen und weißem Hemd, einer ortsüblichen Dienstkleidung. Als er mich sah, öffnete er eilig und etwas verstohlen die Tür und verschwand, als habe er mich nicht gesehen und ich ihn nicht. Drinnen dann wurde ich etwas schweigsamer als sonst empfangen, und einige Blicke lagen auf mir (es war noch früh, es war kaum einer da). Das war in dieser Wirtschaft sozusagen mein Outing als Autor, und am Buffet erzählte mir jene Stella Junior, dass Rolf eben hereingehechtet gekommen sei und gesagt habe: Achtung, das ist der mit dem Artikel. Später, als ich einmal für eine Weile in Rom wohnte, brachte mir diese Frau mit dem Sternennamen gemeinsam mit ihrem Freund drei Flaschen Apfelwein auf die Spanische Treppe mit, seitdem gehören beide in die Kategorie der Apfelweinengel.

Es gibt nämlich neben dem Apfelweingott (der im Taunus wohnt) auch eine kleine Schar von Apfelweinengeln. Das sind solche, die denen, die gerade nicht in Hessen sein können, in die diversen Länder, wo sie gerade wohnen müssen, Apfelwein mitbringen. Engel = Bote. Auch André Reuter ist ein Apfelweinengel, er gehört allerdings zu der ganz kleinen Zahl von professionellen Apfelweinengeln. Von denen gibt es in Hamburg überhaupt nur zwei.

Uli Pfeil gehört wiederum zu einer anderen Kategorie, nämlich der der Brezelbuben. Eigentlich gibt er Deutsch- und Sportkurse. Als er noch aktiv war, war er der Mentor von André Reuter. Ein Brezelbub (es handelt sich nie um Buben, sondern um erwachsene Männer) läuft den ganzen Tag durch die Frankfurter Apfelweinwirtschaften, hat einen Korb dabei und verkauft Brezeln, Knusperstangen, Kümmelweck, Mohnweck, Hartekuchen und Makrönchen, Letztere eher an Frauen.

Die Heilkünstlerin Dani Hoppe hat mir neulich mit äußerst sparsamen, winzigen Handbewegungen eine alte Bandscheibengeschichte vorübergehend kuriert, die einstmals dadurch zustande gekommen war, dass ein Frankfurter Apfelweinwirt mir, als Apfelweinengel, ebenfalls vor Jahren Apfelwein nach Rom geschickt hatte, und zwar einen ganzen Schlauch. An einem 31. Dezember trank ich mit meinem römischen Nachbarn diesen Schlauch in einem römischen Privatpark. Wir saßen auf einer schweren Eisenbank, hatten unsere Hemden ausgezogen, den Oberkörper frei (das geht in Rom bisweilen am 31. 12.) und trugen die Bank der Sonne hinterher. Das war nicht gut und zeitigt bei mir Konsequenzen bis heute.

Wir kamen, wie gesagt, alle ins Gespräch, und wir redeten natürlich über Apfelwein und über die Leute, die etwas mit Apfelwein zu tun haben und die wir durch Apfelwein kennen, denn Leute wie wir (die wir da am Tisch standen) haben eines gemeinsam: Wir haben uns alle ausschließlich durch Apfelwein kennengelernt. Deshalb nennen das manche auch Apfelweinkultur. In Frankfurt gab es immer zwei Kulturen, die Apfelweinkultur und die Suhrkampkultur. An diesem Tag aber wurden die beiden Frankfurter Kulturen für mich erweitert durch etwas, ja, nennen wir es Udo-Jürgens-Kultur.

Wie wir also da standen, kamen irgendwann ein paar merklich angetrunkene, um nicht zu sagen völlig betrunkene Österreicher (!) in grünkarierten Röcken an den Nachbartisch. Bei den Röcken handelte es sich vermutlich um eine regionale Tracht. Ich hatte die berockten Österreicher bereits im Innengebäude in der Ausstellungshalle gesehen. Bei der Frankfurter Apfelweinmesse versammelt sich immer eine bunte bis chaotische Mischung von Ausstellern aus aller Herren Länder, wir hatten auch schon mal einen japanischen Aussteller, der seinen Apfelwein, meine ich mich zu erinnern, aus Bonsai-Äpfeln kelterte. Die besagten Österreicher stellten auf der Messe ihr eigenes Produkt vor: Most. Most ist für einen Hessen eine gefährliche Sache, denn Most besteht nicht nur aus Äpfeln, sondern meist auch aus Birnen. Birnen sind aber für einen ausschließlich an den reinen Apfel gewöhnten Hessen psychedelisches Gift. Ich habe mal ein paar Wochen in Tübingen verbracht und bin dort hin und wieder zum Schwärzloch hinausgelaufen, um Most zu trinken. Most richtet meinen Kopf wirklich zu. Nicht dass er einen übermäßig betrunken macht. Aber irgendetwas tut er im Kopf, ich weiß nicht was. Einmal in Südbrandenburg hatten wir drei Tage hintereinander Wodka getrunken, am vierten Tag fuhr ich von dort zu einer Lesung nach Greifswald. In Greifswald trank ich nach diesen drei Wodka-Tagen einen schwarzen Kaffee und war dann in einem wirklich seltsamen Zustand. Ich hatte zwar keine Halluzinationen, aber irgendetwas war ungewöhnlich. So wirkt Most schon nach dem zweiten Glas, finde ich. Als ich mal im Geburtshaus von Hermann Hesse wohnte, Nordschwarzwald, da brachten mir die Einwohner der umliegenden Ortschaften auch Most. In einem Kanister fand ich mehrere Ohrenkriecher. Sie lebten zwar nicht mehr, aber sie hatten sich merkwürdigerweise auch nicht aufgelöst. Bei uns in Hessen vergärt ja so etwas einfach mit. In den frühen Büchern Hesses wird viel Most getrunken, stets von dem jugendlichen *alter ego* Hesses. Ich glaube, das ging für Hesse nur bis *Demian* gut. Ab *Demian* war der Kopf auf der anderen Seite und kam nicht mehr zurück. Ich meine den Hesse-Kopf.

Es sind die Birnen. Die Birnen sind vielleicht der Schlüssel zu allem, was Hesse ab *Demian* gemacht hat. Ich kann Hesse genau bis *Demian* lesen, dann steige ich aus. Denn ich bin Apfelweintrinker und kein Mosttrinker.

Udo Jürgens kommt aus einem Mostland wie Hesse.

Natürlich fragte irgendwer an unserem Tisch unsere neuen torkelnden, mostabgefüllten Nachbarn, ob sie noch etwas unter dem Rock anhätten oder nicht.

Diese Frage wird immer zwanghaft gestellt, wenn ein Mann einen Rock trägt. Bei Frauen wird diese Frage eher selten gestellt, obgleich ich Frauen in Situationen kennengelernt habe, in denen sie definitiv nichts unter dem Rock trugen. So plätscherte das Gespräch eine Weile halbanzüglich vor sich hin und wollte sich zu einem Saufpartyballermanngespräch entwickeln, mit Sabrina und Kirsten als weiblichem Zündsatz.

Dann aber fragte völlig unvermittelt und ohne jeden Kontext eine der beiden Udos (sie waren in diesem Moment noch nicht »die beiden Udos«, denn der Bezug zu Udo Jürgens war ja noch nicht hergestellt – ich ahnte nicht, was gleich kommen würde) einen jener berockten Österreicher, wie es denn für ihn als Österreicher gewesen sei, als Udo Jürgens starb.

Seit nunmehr einem Dreivierteljahr laufe ich durch mein Leben und frage Menschen, wie es für sie war, als Udo Jürgens starb. Und nun stand da diese Frau, die ich seit Jahren vom Sehen kannte, ohne sie je gesprochen zu haben, und stellte dem Österreicher genau dieselbe Frage, die ich die ganze Zeit stelle, seitdem Udo Jürgens gestorben ist, aber an diesem Tag noch nicht gestellt hatte. Sie stellte die Frage genauso ansatz- und kontextlos, wie ich sie auch immer stelle. So trocken, wie ein Cowboy aus der Hüfte schießt.

Der Österreicher, eben noch in bester Partylaune und mit jenem leeren Glanz in den Augen, der bisweilen das Anzeichen eines deregulierten Selbst und jederzeit ausbuchsbereiter Aggressivität sein kann, torkelte einen Schritt zurück, verstummte, das glasige Grinsen verschwand komplett aus seinem Gesicht, und er schaute nachdenklich, nach Worten suchend. Er schwieg wohl zehn Sekunden. Dann sagte er, und es klang fast wie ein Vorwurf sich selbst gegenüber: Er habe nie etwas mit Udo Jürgens am Hut gehabt … er habe erst nach seinem Tod begriffen … begriffen, was das für ein Großer gewesen sei … was für ein Künstler … und was er alles gemacht habe … das habe er nie gewusst … er habe es vorher einfach nie begriffen.

Kirsten hatte ihn, wie man sieht, auf ein für ihn schwieriges Thema angesprochen. Man sah seinem Gesicht an: Etwas in ihm schrieb in diesem Moment, als Kirsten ihn fragte, *Sein Jahr ohne Udo Jürgens*. In seinem Jahr ohne Udo Jürgens kam Udo Jürgens offenbar zum ersten Mal vor. Er schrieb also eigentlich *Sein Leben ohne Udo Jürgens*. Man merkte ihm Betroffenheit an. Als müsste er, stockbesoffen auf der Frankfurter Apfelweinmesse, Verzeihung sagen für dieses Versäumnis.

Anschließend schwenkte das Gespräch an unserem Tisch komplett zu Udo Jürgens über, nicht zuletzt, weil ich die beiden Frauen fragte, wie das denn jetzt zustande käme und was sie denn mit Udo Jürgens zu tun hätten. Sie erzählten mir daraufhin erste Bruchstücke ihrer Udo-Jürgens-Vita. Ich musste leider noch am selben Nachmittag nach Hamburg fahren. Die Udos und ich verabredeten uns in zwei Wochen. Noch während der Fahrt nach Hamburg schrieb mir Kirsten eine Nachricht:

»Ich war am 21. Dez im Zoom bei dem Slime-Konzert, und Dicken – der Sänger von Slime – hat gesagt: ›Heute ist Udo Jürgens gestorben, das war ein ganz Großer und kein Schlagerfuzzi!‹ Vorher hat mich um kurz nach 18 h ebenfalls eine SMS erreicht – von Sabrina mit der Mitteilung ›Udo ist tot‹, ich war so vor den Kopf gestoßen, dass ich es nicht glauben konnte.«

Dann schrieb Kirsten noch, wie sie zeitgleich dazu krank wurde und zum ersten Mal seit fünfundzwanzig Jahren am 24. 12. nicht ins Gemalte Haus gehen konnte, wo sich an Weihnachten immer alle treffen. (Ich auch.)

Zwei Wochen später zogen wir dann einen halben Tag lang durch Sachsenhausen (Drei Steuber, Jens Becker, Gemaltes Haus, Wagner). Währenddessen stellten wir fest, dass wir unzählige gemeinsame Bekannte haben, aber nie davon wussten. Unser *missing link* war nicht der Apfelwein, sondern Udo Jürgens.

Das war im Mai. Inzwischen habe ich eine ganze Menge Udo-Jürgens-Bekannte, und das Thema Udo Jürgens steht als Gesprächsthema jetzt dauerhaft und voll entwickelt da. Ich war schon immer der Meinung, der Begriff »Kultur« suggeriere etwas Falsches. Vielen suggeriert er irgendetwas Höheres, Besseres. Aber er meint einfach und wertfrei: Leute, die sich wegen irgendetwas treffen, kennenlernen, versammeln. Die etwas »pflegen« (das bedeutet das Wort im ursprünglichen Sinn). Man kann gemeinsames Urinieren bei Vollmond pflegen, oder man kann die Hochkultur pflegen, Akademiemitglied werden, Staatspreise kriegen und die Hand der Kanzlerin schütteln. Das ist alles dasselbe. Der Unterschied besteht nicht in Intellektualität oder Intelligenz oder Werk oder sonst etwas, sondern im größeren oder geringeren Ausmaß der Fuzzihaftigkeit. Kultur: Leute, die sich versammeln, teils um Apfelwein zu trinken bzw. über diesen zu reden, teils wegen Udo Jürgens, teils um vor der Öffentlichkeit dies und das aufzuführen. Mich hat einmal Frau Doktor Schavan eingeladen. Da war sie noch Doktor. Da bin ich gar nicht erst hingegangen. Bei Gerhard Schröder hingegen war ich mal, und zwar in dem schönen Augenblick, als Judith Hermann aufstand und Gerhard Schröder nicht mehr den Blick vom Hintern Judith Hermanns lösen konnte. Im Zeichen Udo Jürgens' bist du keine Hochkultur, und du bist kein Fuzzi, und du willst es auch gar nicht sein. Du bist ein friedlicher Mensch, der die Welt nicht verändert. Der sie so sein lässt, wie sie ist. Denn das Schlimme an der Welt sind ja immer nur ausschließlich die Menschen, die sie verändern.

Kommunikationstheoretisch gesehen ist Udo Jürgens, das habe ich durch Kirsten und Sabrina begriffen, so etwas wie Apfelwein auf musikalisch. Er führt Leute zusammen, und das bleibt ohne jede öffentliche Resonanz. Die Udo-Jürgens-Kultur steht für nichts, macht nichts und schädigt niemanden. Sie geht nicht einmal auf die Leber.

Sie führt höchsten zu einer erhöhten Koitalquote. Aber das ist ja auch nichts Schlechtes. Es ist vielmehr meistens einfach die schlichte Wahrheit.

Neulich lief ich mal wieder C. in die Arme

für Conny Heuser

Neulich traf ich C. C. ist eine Frau, wir begegnen uns immer nur zufällig. Die besagte Begegnung fand diesmal am Rand des Marktes auf der Konstablerwache statt, es war noch winterlich kalt, es muss also im Februar oder März gewesen sein, nicht lange nach Udo Jürgens' Tod.

Unsere Begegnungen sehen immer so aus, dass wir uns mehr oder minder in die Arme laufen. Ich sehe C. nie aus der Ferne kommen, sondern wir stehen immer plötzlich unvermittelt voreinander.

Kennengelernt haben wir uns folgendermaßen. C. sitzt im Stadion (Eintracht Frankfurt) drei Reihen unter mir, seit ewigen Zeiten, was zur Folge hat, dass ich sie schon lange vom Sehen kenne, sie aber mich nicht, denn ich sitze ja hinter ihr. Immer sehe ich sie mit ihrem Freundeskreis zum Platz gehen, manchmal sind sie auch nicht da, dann stehen sie, denn sie haben, wie ich inzwischen weiß, auch ein paar Stehplatzdauerkarten.

Eintracht Frankfurt ist ein Verein, über den man

nicht viele Worte verlieren muss. Er ist nicht gerade besonders beliebt. Und es gab eine Zeit, da waren wir nicht nur ans Siegen, sondern teils auch ans bloße Toreschießen nicht mehr gewöhnt. Ja, vor ein paar Jahren gab es diese Zeit, da saß ich im Stadion, es fiel ein Tor, und ich überlegte, wann eigentlich dieser Verein zum letzten Mal ein Tor erzielt hatte. Manchmal fiel es mir gar nicht mehr ein.

Udo Jürgens hätte in folgenden Zeilen fast Eintracht Frankfurt porträtiert, wenn er nicht zwei Worte darin verwendet hätte, die nicht auf Eintracht Frankfurt passen. Es sind die Worte »scheint« und »diesmal«:

»Ein Raunen geht durchs Stadion / du holst den Ball nicht mehr ein. / Da kommt der Gegner /er scheint stärker zu sein. // Ein Schrei sagt dir, du bist geschlagen / ihr lasst die Köpfe hängen / diesmal hast du verloren.« (Udo Jürgens, *Libero*)

Der Gegner *ist* stärker, und du bist nicht *diesmal* geschlagen, sondern *diesmal schon wieder* – dann ist es Eintracht Frankfurt. (Zumindest war es in den letzten zwanzig Jahren meistens so.)

Udo Jürgens dagegen war ein Siegertyp. Niederlagen kannte er, klar, aber auch Bayern München kennt Niederlagen. Bei den Bayern *scheint* der Gegner manchmal stärker zu sein, und die Bayern sind hin und wieder sogar auch geschlagen (= *diesmal*). Und bei *Libero* dachte Udo Jürgens natürlich an Franz Beckenbauer. Über einen Eintrachtspieler (Gert Trinklein?) hätte er nie ein Lied gemacht. Denn er war, wie gesagt, vom Naturell her eben ein Siegertyp.

Eines Tages, vor Jahren, ich hatte ein halbes Jahr zuvor geheiratet, saß ich im Stadion, wie immer leicht nach vorn gebeugt und nichts Gutes ahnend. Eine nervöse Kutschbockhaltung – eine Haltung, in der wir alle mit den Jahren zu alten, nervösen, schlechtgelaunten Männern geworden sind. Man könnte uns malen, wie wir da sitzen. Ich hatte im April geheiratet, nun war es kalt geworden. Neben mir hatte wie immer mein Freund Stefan Götz Platz genommen, daneben Ekkehard Nahm. In der ca. achtzigsten Minute fällt ein Tor für Eintracht Frankfurt. Wir alle explodieren aus unserer Lethargie heraus und bejubeln das Tor, das auch tatsächlich spielentscheidend werden sollte.

Tor: Man sitzt, übel gelaunt, Kutschbockhaltung, plötzlich ein Angriff aus dem Nichts, Ball im Netz, alles springt auf, jubelt, klatscht sich ab, anschließend sitzt man wieder, noch ängstlicher als zuvor.

Ich sitze also wieder da und betrachte rein zufällig meine Hände. Etwas macht mich stutzig. Mein Ehering fehlt. Wie kommt das zustande? Habe ich ihn gar nicht angezogen? Manchmal ziehe ich ihn nämlich nicht an. Ich versuche mich an den Morgen zu erinnern und daran, ob ich den Ring heute überhaupt in der Hand gehabt habe. Ich kann mich aber nicht erinnern.

Währenddessen wird Stefan Götz darauf aufmerksam, dass ich etwas verdutzt dasitze. Ich schaue nämlich meine Hände immer entgeisterter an. Wo ist dieser Ring? Stefan fragt mich, was los ist, aber ich denke so eilig nach, dass ich nichts sagen kann. Ich habe doch diesen Ring jetzt nicht etwa verloren??

Da Stefan Götz Latinist und Mathematiker ist, erfasst er die Situation recht schnell und weist mich auf jemand drei Reihen vor mir hin, der seine rechte Hand hochhält. Die Hand ist mit einem schwarzen Handschuh versehen, und über den Zeigefinger ist ein goldener Ring gestülpt. Die Person schaut sich suchend um und zeigt dabei den Ring. Offensichtlich meinen Ring. Die Person ist C.

Ich hatte ihn beim Torjubel verloren. Ich ließ ihn sofort in der nächsten Woche kleiner machen.

C. habe ich seitdem ein bisschen kennengelernt. Immerhin ist sie der einzige Mensch außer mir, der jemals meinen Ehering getragen hat. So etwas verbindet. Wir haben schon ein Bier und auch bereits einen Apfelwein zusammen getrunken. Und bei der Begegnung an der Konstablerwache fragte ich sie natürlich die Udo-Jürgens-Frage: Wie hast du den 21.12.2014 erlebt?

Sie erzählte die kurioseste aller Geschichten. Sie war an jenem Nachmittag in ihrem Keller, um dort ein bisschen aufzuräumen, vielleicht suchte sie auch etwas. Irgendwann stößt sie auf eine Kiste oder eine Schublade, aus der zwei rote Tücher zum Vorschein kommen. Eines der Tücher gehört ihrer Mutter oder ist ihr einmal von ihrer Mutter geschenkt worden, das andere der beiden roten Tücher hatte sie einmal bei einem Konzert von Udo Jürgens in die Hand gedrückt bekommen. Das eine der beiden roten Tücher war also eines jener berühmten roten Udo-Jürgens-Einstecktücher. C. stand im Keller mit den beiden Tüchern in der Hand, aber sie wusste nicht mehr, welches das Tuch ihrer Mutter und welches jenes von Udo Jürgens war. Im Keller stehend, überlegte sich C. Folgendes: Um die Provenienz der Tücher zu klären, sollte sie sich einmal an das Schweizer Management von Udo Jürgens wenden, die müssten das eigentlich zweifelsfrei klären können.

Ich selbst habe mich auch schon mal an das Management von Udo Jürgens gewandt, telefonisch. Ich bin sogar durchgekommen und sehr freundlich empfangen worden, auch wenn es nur um eine Kleinigkeit ging. Ich sagte ihr, sie solle das durchaus probieren.

C. kam also mit den Tüchern aus dem Keller hinauf, es war der 21.12.2014, und oben sagte man ihr, dass übrigens gerade Udo Jürgens gestorben sei.

Das erzählte sie mir am Rand des Konstablermarktes, wir waren beide in Eile, aber ich drückte ihr dennoch beim Fortgehen schnell die Hand. Diese Hand hatte jetzt nämlich eine neue Bedeutung für mich bekommen. In dieser Hand, an der C. meinen Ehering getragen hatte, hatte einstmals auch ein rotes Udo-Jürgens-Einstecktuch gelegen, von ihm überreicht. Mein

Ring und eine Udo-Jürgens-Reliquie, kurioserweise in derselben Hand.

Und der alleinige Grund dafür ist ein Tor, das Eintracht Frankfurt geschossen hat.

Neulich kaufte ich Udo Jürgens' letzte Platte (Text-Dada I)

Neulich kaufte ich mir Udo Jürgens' letzte Studioplatte und bemerkte wieder, dass die Texte alle die höhere Kunst des Nichts-Sagens beherrschen. Ein Nichts-Sagen muss man erst einmal für sich entwickeln, das geht nicht so einfach, wie man sich es vielleicht vorstellt. Man muss es üben und erst einmal die Motive seines Nichts-Sagens finden.

Gottfried Benn schreibt, ein Dichter müsse seine Worte kennen und wissen, was ihm möglich ist. Und in der Tat: Man muss nur das Wort *Forsythie* aufrufen oder das Wort *Flieder*, allseits bekannte, völlig alltagssprachliche Worte, und man erkennt sofort das Gottfried Benn'sche im Klang dieser Worte. Er hat ihnen etwas gegeben, das sie vorher zwar auch schon in sich trugen, das aber nicht sichtbar war. Nun sind sie Chiffren für den hochintelligenten, morbiden, daseinsbezogenen, spätsymbolistischen Benn-Kosmos. Und das geht nie mehr weg. Benn »konnte« diese Worte, und nun sind sie seine.

Es gibt einen zeitgenössischen Schriftsteller, dem es auf ähnliche Weise gelungen ist, ein Wort ganz zu seinem zu machen, sodass man das Wort nicht mehr ohne ihn hören kann. Das ist Arnold Stadler mit dem Wort *Sehnsucht*.

Wenn ich heute das Wort *Sehnsucht* gebrauche, dann ist es immer das Stadlerwort. Ich kann das Wort *Sehnsucht* ohne Arnold Stadler nicht mehr denken.

Oder wenn etwas aus Gärten herausduftet: dann ist das eigentlich immer Theodor Storm. Theodor Storm mag ich aus verschiedenen Gründen nicht so sehr, ich war immer auf der Wilhelm-Raabe-Seite. Aber dennoch, abendliche Vorgartenblumengerüche zu versprachlichen bedeutet für mich *nolens volens* immer:

> »Mit Schlummerduft anhauchen mich die Pflanzen // Ich möchte schlafen, aber du musst tanzen«

Schlafen / Tanzen, damit hat Storm in seiner Literatur einen Geschlechterdissens aufgemacht, der spätestens seit *Immensee* ganzen Generationen das Dasein vermiest hat. Insofern hat uns Storm viel mehr verdorben, als Schopenhauer und Nietzsche und all die angeblichen Negativschriftsteller je gekonnt hätten. (Männlich projizierte) weibliche Laszivität (*Tanzen*) und männliche Kapitulation bis hin zur Willenlosigkeit davor (*Schlafen*), damit ist Storm der literarische David Hamilton des neunzehnten Jahrhunderts. Und wie Stadlers Wort *Sehnsucht* oft bei mir nachklingt, so ist noch bei Thomas Mann ein Nachklang von Storms *Schlafen / Tanzen* zu finden, obwohl dieser Nachklang bei Mann schon keinen Geschlechterdissens mehr umfassen muss (Aschenbach und Tadzio etwa sind ja beide männlichen Geschlechts). Er hallt bei Thomas Mann nur mehr in den bloßen Geschlechterrollen nach. Damit ist bei Thomas Mann bereits ganz geschlechterunabhängig in Sub- und Dom-Schemata gedacht. (Hier könnte man wiederum den Bogen hin zum Stadler'schen Begriff der *Sehnsucht* schließen.)

In summa: Worte wie *Forsythien, Flieder, Sehnsucht, Tanzen/Schlafen* muss man erst einmal finden, um sie in der genannten Weise besetzen zu können. Hat man sie gefunden und an ihnen das eigene literarische Funktionieren gefunden, dann werden die Worte über unsere Alltagssprache hinaus codiert. Jesus Christus ist auch hier das Vorbild für alle, er hat die Worte Liebe und Wahrheit codiert für alle Zeiten und über alle Philosophien hinaus.

Zurück zum Thema. Auch Udo Jürgens benötigte erst einmal eine gewisse Zeit der Einübung, bis sein Nichts-Sagen voll entwickelt bzw. die inhaltliche Leere codiert war. Man kann bei Udo Jürgens zwei Weisen des Nichts- oder Gar-nichts-Sagens unterscheiden. Einmal den politisch-gesellschaftskritischen Udo Jürgens, also den sogenannten »Sponti-Udo«. Auf der neuen Platte wären das folgende Lieder: *Die riesengroße Gier* (Finanzblase, Banken), *Der gläserne Mensch* (Internet,

Mobilfunk, Abhören). Diese Lieder beinhalten, *nota bene*, weder besonders argumentative Auseinandersetzungen mit den angesprochenen Themen, noch sind sie von überraschender Erkenntnis, und es steht hinter allen Udo-Jürgens-Sponti-Liedern von *Lieb Vaterland* über *Gefeuert, Ein ehrenwertes Haus, Griechischer Wein* bis hin zu *Die Krone der Schöpfung* und eben jenem letzten, *Der gläserne Mensch*, auch kein für solche Kritikaussagen prädestinierter Lebensweg. Wenn Wolf Biermann vom preußischen Ikarus sang, sang er von sich selbst und durch sich selbst hindurch über das gesamte Ostwestverhältnis, den Sozialismus und überhaupt sehr konkrete Gesellschaftsentwürfe. Das saß und war in eins, auch wenn er gewisse Themen natürlich nicht integrierte (Margot Honecker) und sowieso ein gewiefter Hund ist.

Was an den Sponti-Liedern von Udo Jürgens lediglich ungewöhnlich bzw. einzigartig ist, ist schlicht die Thematisierung dieser Topoi im Banalkritikstil. Udo Jürgens sang über diese Themen, aber er besetzte sie nicht.

Wer Dinge besetzt, steht für diese Dinge und wird anschließend in die betreffende Schublade gelegt. Die Schublade hat eine positive und eine negative Konsequenz. Die positive: Du wirst ab da immer von irgendjemandem zu »deinem« Thema eingeladen und sollst dich zu diesem Thema äußern. Biermann war immer der Ostspezialist. Die negative: Du wirst von da an zu keinem anderen Thema mehr eingeladen und kannst dich folglich auch zu keinem anderen Thema äußern. Deshalb blieb Biermann immer der Ostspezialist. Dass er als Komponist und Lieddichter ein Gigant ist, eine Erscheinung wie *mutatis mutandis* Franz Schubert (und darüber hinaus ein vergleichsweise exzellenter Gitarrist), wurde nicht erkannt. An eine Einladung Biermanns, weil sich jemand für ihn als Musiker interessiert hätte, kann ich mich nicht erinnern. Er war ja Ostspezialist. Auf seine Weise hat Wolf Biermann, der ganz Große, damit ein ähnliches Schicksal erlitten wie (wiederum) *mutatis mutandis* etwa ein Paul Kuhn, Gott hab ihn selig.

Udo Jürgens wurde Spezialist für gar nichts, weil er zwar sang, aber kein Thema damit besetzte, denn anschließend kam ja ein anderes Thema dran.

Indem nun Udo Jürgens gewisse, wie man *vulgo* sagt, gesellschaftskritische Themen aufrief, sagte er also nie etwas, was über das hinausging, was ohnehin alle wissen. Die meisten allerdings sagen das, was alle wissen, entweder gar nicht oder wenn, dann nur am Stammtisch. Ich kenne Leute, die behaupten, über Stammtischparolen komme der »kritische« Udo Jürgens nicht hinaus. Ich stimme dem nicht nur zu, es ist mir sogar angenehm. Denn am Stammtisch werden nicht nur Sachen gesagt wie: Die Griechen sind ein faules Pack, die wollen nur unser Geld, und überhaupt das ganze Gesocks, raus aus unserem Land; nein, es werden am Stammtisch auch Sachen gesagt wie: Dieser Internetmist, wo kommt der denn überhaupt her, und was will diese Merkel eigentlich? Ist das Staatssozialismus in neuer Form?

Ich war schon immer der Meinung, dass es die gute und die schlechte Stammtischhälfte gibt.

Am Stammtisch wird überhaupt viel gesagt. Udo Jürgens deckt genau eine Hälfte der Stammtischparolen ab, nämlich die, die gegen den Staat geht, insofern er korrupt ist, die reiche Klientel begünstigt und überhaupt sowieso alles an Politik, Staat und Wirtschaft mafiös und verlogen ist. (Wohlgemerkt: verlogen nur in die eben beschriebene Richtung.) Die andere Hälfte deckt er genau nicht ab, nämlich die, dass die da draußen alle an unser Geld wollen, dass der Staat doch ein Staat ist und wir der Staat, und wir haben das doch mit unserer Hände Arbeit … und das ist doch mein Staat … und woher kommen die jetzt plötzlich alle? Die rutschen hier in die Sozialkassen und plündern uns und müssen ja nicht mal arbeiten!

Insofern – da man durch Udo Jürgens rein inhaltlich-argumentativ nichts lernt –, liegt das Wesentliche seiner Sponti-Lieder einfach im Performativen: also dass er sie singt und andere so etwas eben nicht singen. Das ist eine Form von Sagen: Die Wahrheit über die Korruptheit und Falschheit von Politik, Wirtschaft und den einschlägigen herrschenden Milliardärsfamilien ist etwas, was alle langweilt, weil sie ja jeder kennt, und im deutschen öffentlichen Medienbetrieb ist damit sowieso kein Blumentopf zu gewinnen, aber ich, Udo Jürgens, kann es mir leisten, also tue ich es. Die Lieder sind alle in Grund und Boden geschrieben worden und waren dem intellektuellen Publikum immer peinlich. Tja, und jetzt? Jetzt sind diese Lieder einfach alle da. Sie sind jetzt alle da und gehen nicht mehr weg. Und andere haben diese Lieder nicht gemacht, und schon gar nicht im Zentrum der deutschsprachigen Unterhaltungsgesellschaft. Aber *Ein ehrenwertes Haus* kennt jeder, auch wenn er fünfzehn Jahre gebraucht hat, um das Lied zu verstehen, und *Der gläserne Mensch* werden sie demnächst auch vor sich hin pfeifen und summen:

»Wir sind so lieb und so Internet(t) / Man hört uns zu am Telefon. / Du hast deine Mail noch nicht verschickt / Da lesen sie die ander'n schon.«

Merkt ihr was?

»Aber wie uncool ist das denn, ist das etwa *Kritik?*« – sagt das gerade wer? Früher haben sie es alle gesagt, und jetzt, wo er tot ist? Jetzt stürmt er die Hitparaden, und ein Lied wie *Der gläserne Mensch* wird im Feuilleton in einem Zug mit Deichkind erwähnt, *Like mich am Arsch.*

»Aber wie uncool ist das denn, Udo Jürgens?«

Merkt ihr was? Es ist die langweilige, in nichts über das Normalmaß hinausgehende Benennung von Falschem, ohne jeden Diskurs, ohne jede argumentative

Kraft und ohne jeden Zeitgeist, einfach das, was sowieso jeder weiß. Und er hat es getan und war dafür zeit seines Lebens für die Speerspitze des Feuilletons immer der Depp. Wären seine Sponti-Lieder auch nur etwas mehr als nichtssagend gewesen, hätten sie sofort ihren Ewigkeitswert, ihren ihnen vom ersten Augenblick an innewohnenden Klassizismus verloren.

Like mich am Arsch hört bald keiner mehr (Text-Dada II)

Like mich am Arsch hört bald auch schon wieder keiner mehr, weil demnächst nicht mehr geliked werden wird. Das Lied kann kein Klassiker werden. Und dass das Liken nur stattfindet, weil damit ein Riesengeld verdient wird, spart das Lied geflissentlich aus, dann wäre ja die Argumentation des Liedes altbacken und uncool wie Udo Jürgens. *Like mich am Arsch* kann als cooles Lied nur so funktionieren, dass das Liken als uncool dargestellt wird. Warum das Liken geschieht, dass wissen die Leute von Deichkind selbstredend. Aber sie sagen es nicht. Das würde ja gleich nach so altlinkem Aufklärungsscheiß klingen … (»Hört mal zu, die verdienen doch ein Scheißgeld über diese Like-Buttons, ihr haltet das für eure persönliche Freiheit und findet es toll, aber …«)

Der gläserne Mensch, egal wie das Lied produziert ist (die Produktion haben noch alle Udo-Jürgens-Lieder überlebt), wird einstmals einen Hymnencharakter haben, nur eben für ein anderes Publikum und wahrscheinlich erst in zehn, fünfzehn Jahren. *Ein ehrenwertes Haus* war zu seiner Zeit genauso uncool, da hörte man eher Pink Floyd oder Led Zeppelin oder immer noch The Who.

Udo Jürgens ist so uncool, die Dinge zu benennen (»Gefangen im Netz / wider jedes Recht und Gesetz«). Aber ich habe den Begriff der Coolness sowieso schon länger im Verdacht. Er verhält sich wie der Begriff antispießig. Von dem Gedanken, der Antispießer sei immer der größte Spießer, habe ich schon gesprochen. Ich hatte ihn erstmals im längst vergangenen Friedberger Jugendzentrum. Dort waren alle so dermaßen antispießig, dass es von Sozialkontrolle nicht mehr zu unterscheiden war. So ist der Immer-Coole auch stets der Uncoole überhaupt. Udo Jürgens ist vielleicht, *summa summarum*, und wenn alle Attitüden der Bewertenden abgelegt sind, wenn alle Coolness-Vorurteile und -Moden sich selbst *ad acta* gelegt haben werden, am Ende genau das Gegenteil. Nämlich am Ende: einfach cooler als alle anderen. Er hat ja selbst die Sex Pistols und die Dead Kennedys überlebt und solche Dinge, und er hat es immerhin geschafft, bei all der völlig unzeitgemäßen Musik, die er machte, nie als völlig lächerlich dazustehen. Hierin vergleichbar heutzutage nur noch ZZ Top und Lemmy Kilmister oder solchen Granden.

So viel zum nichtssagenden Sponti-Udo. Nun aber zum gar nichts sagenden Udo Jürgens. Mit seinen Textern zusammen hat Udo Jürgens im Verlauf seiner Karriere immer mehr an einem allgemeinen Text-Dada gebastelt, bis er es am Ende so ziemlich vollendet hatte. Da geht es weder um Thesen noch um Themen, da geht es um das Kerngeschäft des Menschseins: ums Menschsein.

Menschsein ist zunächst ein leerer Begriff. Sei, was du bist! Ein oft gehörter Ratschlag, nur was soll er bedeuten? Was ist das, was ich bin? Und wie soll ich das sein, wenn ich es selbst gar nicht weiß? Oder bin ich nur mein tautologisches Selbstsein? Ich selbst bin jetzt achtundvierzig Jahre und kenne natürlich seit unvordenklichen Zeiten diesen Appell, sei du selbst, sei, wer du bist. Vor allem kenne ich ihn aus der Werbung, also wenn mir jemand etwas verkaufen will. Wenn mir jemand etwas verkaufen will, ein bestimmtes Shampoo oder eine bestimmte Zigarettenmarke, dann versucht er immer, das zum Teil meines Selbstseins zu machen, und wenn ich dann das Produkt nicht kaufe, lebe ich mein eigenes Leben nicht.

Udo Jürgens hat einmal in einem Interview sinngemäß gesagt, er habe nicht die Gesangsstimme eines Crooners, er habe eher die eines Marktverkäufers, der Waren anpreisen muss. Er sagte: Daher habe sich seine Stimme stets eher dazu geeignet, etwas zu erzählen, rhetorisch zu sein, von etwas zu überzeugen. Von was wollte er überzeugen? Was ist dasjenige, das uns Udo Jürgens verkaufen wollte, damit wir »unser Leben leben«?

In der Tat gibt es bei Udo Jürgens vergleichsweise viele Lieder, in denen Geschichten erzählt werden. Klassisches Beispiel: Der Sohn, der als Kind mit seinem Vater lieber einen Drachen bauen würde, als von ihm zu erben. Oder das unverheiratete Paar, das von der Hausgemeinschaft einen Brief bekommt. Oder der Mann, der einmal kurz Zigaretten holen geht, um anschließend mit seiner Frau *Dalli Dalli* zu schauen (währenddessen hatte er kurz von seinem endgültigen Aufbruch geträumt, nach New York, Hawai und San Francisco). Diese Lieder haben einen handlungsartigen Verlauf.

Es gibt aber mit zunehmenden Jahren eine immer größere Zahl an Liedern, in denen keine Geschichten erzählt werden, sondern in denen – wie soll man sagen? – allgemeine Prinzipien des bloßen Menschseins verhandelt werden, im Übrigen (Stichwort Marktverkäufer!) nicht selten imperativisch. Udo Jürgens hat schon immer gern in Anweisungen, Belehrungen und Imperativen gesungen, manchmal zu einem Du, manchmal zu einem Ihr (im letzteren Fall quasi als Weltenbelehrer; bestes Beispiel: *Mein größter Wunsch*). Ich wähle aus einer Best-of-Platte hier einmal wahllos Sätze aus, und zwar so, wie sie mir beim Querhören entgegenkommen.

»Deine Stimme erheben und singen, ehe Hören und Sehen vergeht // Mein größter Wunsch, seid radikal in euren Träumen // Was du behältst, ist immer das, was zu deinem Leben passt // Von jetzt an Freiheit wagen, Heuchelei nicht ertragen // Wir sind nicht

> stark, wenn wir vor Sturm und Kälte fliehen // Was wichtig ist, das ist nicht, was du hast, nicht ob dein Leben anderen Leuten passt // Ist das nichts, dass du traurig warst und wieder lachst // Warum kommt jemand in Verdacht, nur weil er sich Gedanken macht // Ich werde es wieder tun // Und was wir denken, sollten wir auch sagen // Und auf dem Weg zum eigenen Licht, komm sag, was wünschst du dir // Wär gern Held des Gefühls, immer Sieger im Spiel, doch ich bleibe ein Träumer lediglich.«

Wir sehen, es geht nirgends um Individuen, die in einer bestimmten historisch-gesellschaftlichen Situation oder auch nur in Handlungszusammenhängen verortet wären. Die Erfüllung des Menschseins hat hier nichts mit Klassenkampf, Auflehnung gegen Herrschaft, Abwehr diktatorischer Systeme zu tun, nichts mit Armut, nichts mit Behinderung, nichts mit gesellschaftlicher Zurücksetzung irgendeiner Art, nichts mit Zufällen, Unfällen oder Besonderheiten. Es sitzen bei Udo Jürgens keine nackten Frauen mit Gurt im Auto (Truck Stop). Oder, um auf das andere Ende der Palette zu schauen: Beim erwähnten Wolf Biermann befinden sich Menschen immer in einer je gesellschaftlichen Situation, selbst in seinen Liebesliedern.

Dennoch und auch ohne dies sehen wir in den zitierten Zeilen bei Udo Jürgens die Menschen allesamt in einer Auseinandersetzung begriffen, in einem

Kampf um etwas. Das betrifft sowohl die imperativisch angesprochenen Du- oder Ihr-Personen als auch die Ich-Person, wenn sie von sich selbst singt. Worum gehen diese Auseinandersetzungen?

Zunächst fällt die geringe Welthaltigkeit dieser Texte ins Auge. Sie erzählen nirgends konkretes Material, sie verhandeln nichts, was im weitläufigen Sinne diskursfähig oder auch nur diskussionsfähig wäre. Wunsch; Traum; Leben; Fähigkeit zur Stärke; das Wichtigsein von etwas; die Tatsache, dass etwas »nicht nichts« ist; Aufrichtigkeit, Licht – das in etwa sind die angesprochenen Themen. Es geht um Liebe, Wahrheit, richtiges Handeln, Wünschen im ganz Allgemeinen bzw. umgekehrt um die Hindernisse, die der Erfüllung dieser Desiderate im Wege stehen. Übrigens liegen die Hindernisse bei Udo Jürgens stets schlicht und ergreifend im je konkreten Menschen selbst begründet, also im Du, Ich oder Ihr.

Kurzum, bei all diesen eng an der Redundanz vorbeischrammenden Themen liefert uns Udo Jürgens keine Vorstellung, was unter Menschsein oder richtigem Menschsein *in concreto* gemeint sein könnte. Außer eben der Einholung jener großen, ungefüllten Begriffe. Also dass der Mensch nun einmal wünschen möge, Träume haben möge, Ziele suchen und lieben möge. Und dass der Mensch eben auch – und das ist gleichrangig bei Udo Jürgens – zur Unaufrichtigkeit neigt, lügt, sich in Depressionen zurückziehen kann, den Glauben an »sich«, an »die Welt« verlieren kann etc. Es ist das Bild eines in seiner Erfüllungsmöglichkeit freischwebenden, völlig dem Gesellschaftlichen und überhaupt allem Kontingenten entzogenen Menschen. Es ist der Traum der völligen Autarkie, als sei diese möglich.

Allerdings ist das Glücksversprechen an sich nie das zentrale Moment in Udo Jürgens' Liedern. Zumindest nicht im hedonistischen Sinne. Ich glaube, der Schlüssel zum Kosmos jenes Systems der radikalen Emotionalität liegt vor allem tatsächlich in der Nichtfestschreibung eines spezifischen Menschseins. Es herrscht ein stetiger Kampf um dieses Menschsein, aber das Zentrum dieses Kampfes wird inhaltlich nicht gefüllt. Dem Publikum bleibt überlassen, ob es die umkämpften und umringten Begriffe (Liebe, Wahrheit, Wünsche etc.) auf sich bezieht, also dass der Einzelne sich selbst zum Protagonisten dieser Schlacht um das »richtige«, »wahre« Leben macht, oder ob das Publikum sich gleichsam in der Person von Udo Jürgens einen Stellvertreter in dieser Schlacht sucht. In der Tat konnte man in seinen Konzerten stets das Gefühl haben, die Zuhörer vermeinten dort vorne auf dem Podium eine Wahrheitsfigur vor sich zu haben, mindestens eine Art Inszenierung von selbst in großen Zweifeln noch gelingendem Leben: dem Udo-Jürgens-Leben.

In dem Augenblick, in dem man die großen, leeren Begriffe dieses Kampfs um das Menschsein auf Udo Jürgens als konkrete Person bezieht, bedürfen die Begriffe keiner Füllung mehr, denn sie sind ja dann durch eine vermeintliche Person gefüllt, durch Udo Jürgens (bzw. durch das Narrativ Udo Jürgens). Ich nenne die Begriffe übrigens nur deshalb leer, weil sie bei Udo Jürgens nicht für irgendetwas gebraucht werden, sondern ausschließlich für sich selbst stehen. Wenn Biermann irgendwo von einem Traum spräche, würde dieser von jedem Biermann-Hörer sofort inhaltlich gefüllt, er wäre politisch-gesellschaftlicher Natur und vergleichsweise spezifizierbar. Bei Udo Jürgens bleiben jedoch alle diese Menschsein-Grundbegriffe immer Grundbegriffe. Insofern sie keine andere Füllung haben als sich selbst, erschöpfen sie sich in ihrem eigenen Wortlaut und sind insofern leer und adiskursiv.

Auf seiner letzten Studioplatte ist diese Reduktion der Begriffe auf sich selbst als in sich kreisendes, Dada-artiges Spiel ganz offensichtlich. Da von jedem Udo-Jürgens-Hörer so gut wie jeder dieser Grundwortlaute mit dem spezifischen Udo-Jürgens-Sinn der radikalen Emotionalität gefüllt wird, können diese Worte in nahezu völliger Redundanz verharren – und dennoch ist der ganze gefühlte und gewusste Udo-Jürgens-Kosmos da und stets präsent. Auch wenn Udo Jürgens selbst keine Textzeile geschrieben hat, so hat sein Texterteam doch ganze Arbeit geleistet. Sie wussten, welche Worte

Udo Jürgens kennen können müsste und was ihm möglich wäre.

Auf der letzten Platte finden sich folglich Zeilen wie:

> »Lass dem Träumer den Traum // Lass dem Schwärmer die Nacht // Lass den Zweiflern die Fragen«

Das sind allesamt nur noch reine Begriffsexplikationen. Laß das Bier Bier sein dürfen. Lass dem rechtzeitig in Hannover Ankommenden sein rechtzeitiges Ankommen in Hannover. Lass dem Autor sein Buch, lass dem Papst sein Pontifikat. Die Worte stehen für nichts mehr außer für sich selbst.

> »Was wird aus den Worten, wenn ich schweig?
> Sie wachsen an zu schönen Bildern,
> Können Glück und Hoffnung schildern
> Und den Schmerz der Sehnsucht mildern.«

Auch das ist kaum welthaltig. Beweis: Man ersetze »die Worte« durch »die Frauen«, »die Männer«, »die Gedanken« oder z. B. »die Biere«.

> Was wird aus den Bieren, wenn ich schweig? / Sie wachsen an zu schönen Bildern / Können Glück und Hoffnung schildern / Und den Schmerz der Sehnsucht lindern / Das wird aus den Bieren, wenn ich schweig.

Sinnvoll ist das ebenso wie »die Worte«. Im letzteren Fall (Biere) schildert es den Zustand eines schweigenden, betrunkenen Biertrinkers. Eben noch in der Kneipe geschwätzt, jetzt aber still und ruhig und glücklich. Aber es ist eben nicht Udo Jürgens. Denn Bier ist kein Udo-Jürgens-Wort, auch wenn es hin und wieder bei ihm vorkommt. Aber es ist bei ihm kein Wort der oben genannten Benn/Stadler/Storm-Kategorie.

Der ganze Text-Dadaismus spricht sich schließlich am Ende des Jürgens'schen Lebens auf der Platte *Mitten im Leben* in der eigentlichen Schlussredundanz dieser ganzen lebenslangen Textarbeit aus:

> »MEIN ZIEL – Ist immer ein Ziel zu haben«

Knapper kann man performative Inhaltsverweigerung und -gebung (Inhaltsgebung aus der Redundanz bzw. Begriffsexplikation heraus) kaum gestalten.

> Mein Traum ist immer einen Traum zu haben.
> Meine Idee von Liebe ist immer zu lieben.
> Meine Sehnsucht ist immer Sehnsucht nach etwas zu haben.

Warum aber diese Reduktion auf das ganz Große, ganz Inhaltsleere im Menschsein? Wieso die völlige Aussparung des Konkreten? Vielleicht ist die Frage verkehrt herum gestellt. Was wäre denn das Gegenteil? Jedes Gegenteil würde die Möglichkeit zur Identifikation verringern, beschränken. Indem aber die Begriffe bei Udo Jürgens gleichsam unangewendet bei sich selbst bleiben, ist die Identifikationsmöglichkeit total, weil durch nichts Weltartig-Konkretes eingeschränkt. Denn: Liebe ist Liebe. Traum ist Traum. Ziel ist Ziel. Sehnsucht ist Sehnsucht. Hoffnung ist Hoffnung. Radikalität ist Radikalität. Gelingen ist Gelingen. Leuchtturm ist Leuchtturm. Licht ist Licht. Udo Jürgens ist Udo Jürgens. Udo Jürgens ist der reine, geläuterte Begriff. Das Für-sich-selbst-Stehen der ganz großen Begriffe.

Das ist die Form des Gar-nichts-Sagens, die Udo Jürgens immer mehr in seinen Texten erarbeitet und gefunden hat. Ein vollständig entideologisiertes, entformaliertes, in nichts festschreibbares Konstrukt von Dasein. In der Mitte findet sich das Individuum mit seinen Möglichkeiten, die allesamt aus den besagten Begriffen bestehen. Man könnte hier auf den neutestamentarischen Jesus verweisen, der ja ebenfalls mit permanenten Nichtfestschreibungen arbeitet und dadurch, erneut *mutatis mutandis* und *sub specie aeternitatis*, die noch wesentlich größere Anhängerschaft gewonnen hat als Udo Jürgens.

Am Ende seines Lebens war alles, der ganze Udo-Jürgens-Wort-und-Welt-Kosmos, plötzlich eingedampft auf ganz wenige Worte, und in diesen wenigen Worten war das ganze Jürgens-Universum der radikalen Emotionalität sichtbar wie durch eine Hologrammscherbe. Es ist das Udo-Jürgens-Gesetz, am Ende war es formuliert und hätte eigentlich auf seinen Grabstein gemeißelt gehört (hätte er denn einen solchen bekommen). Die Summe aller Worte, die umfassendste aller Nichtfestschreibungen, die Welt in drei Grundbegriffen erläutert und nur verstehbar, wenn man den ganzen Udo Jürgens vorher mitgemacht und auf allen seinen Stufen mitverstanden hat:

»MEIN ZIEL – Kann nur Freiheit und Liebe sein.«

Neulich zählte ich meine Toten

Neulich dachte ich über das John-F.-Kennedy-Syndrom nach. An Kennedy wird immer folgendes Thema festgemacht: Jeder kann sich angeblich daran erinnern, was er an dem Tag, als Kennedy starb, gemacht hat. Ich habe zwar neulich in irgendeiner Zeitung gelesen, dass die meisten sich ganz falsch erinnern, z. B. an falsche Wetterverhältnisse, aber zumindest ist der Tag von Kennedys Tod durch jenen Erinnerungstopos klassisch geworden, wohl auch durch die damals erstmals sehr zeitnahe, bildunterstützte Berichterstattung. Auch eine Folge von *Die zweite Heimat* (Edgar Reitz) ist um die Nachricht vom Tod des amerikanischen Präsidenten herumgebaut (*Kennedys Kinder*). Dort wird die Nachricht vom Tod des Präsidenten im Kino verkündet, wozu eigens eine Vorführung von *Cleopatra* unterbrochen wird.

Mein frühester prominenter Medientoter war Hanns Martin Schleyer, das war damals wie Fußballberichterstattung. Jeden Tag wurde berichtet, wie es um Schleyer steht. Ich war damals neun und erlebte um mich herum zum ersten Mal richtigen Hass. Überall war Hass, in allen Gesichtern um mich herum. Alle hassten Baader, Meinhof und die anderen. Das waren die ganz ganz Bösen auf der Welt, die Teufel. Einfach erschießen, einfach abknallen, mit solchen Sätzen lebte ich damals. Da war endlich mal Hemmungslosigkeit angesagt! Zeitgleich starben damals im Schnitt täglich immerhin durchschnittlich 55 Menschen im deutschen Autoverkehr. Die R. A. F. hat fast drei Generationen gebraucht, um insgesamt auf eine solche Zahl zu kommen. Noch heute sehe ich Hass in den Gesichtern der Menschen, wenn man etwas gegen den bundesdeutschen Autoverkehr sagt. Der Hass in den Gesichtern ist ganz ähnlich wie damals.

Mein nächster Populärtoter war wohl Paul VI. Ich saß mit meinem Bruder vor dem Fernseher und wollte *Der Wind und der Löwe* mit Sean Connery sehen, da wurde, noch vor Filmbeginn, der Bildschirm schwarz, und dann kam in weißer Schrift auf schwarzem Grund die Nachricht, dass Paul VI. tot sei, damit es auch gleich jeder erfahre. Ein paar Wochen später lief ich in die Schule, fünftes Schuljahr, wir hatten Biologieunterricht bei Knoth, da sagte Thomas Wiesner, ein Mitschüler von mir, der Papst sei tot. Da kommst du aber ein bisschen spät, sagte ich. Er meinte aber bereits den neuen, das wusste ich noch gar nicht (Johannes Paul I.).

Nähern wir uns aber der Kunst und Kultur, also den eigentlichen Vorläufern des 21. 12. 2014.

Über John Lennon habe ich schon geschrieben (1980). Thomas Bernhard: Da stand ich gerade im

Foyer eines Frankfurter Kinos und kaufte mir gemeinsam mit Jan Plaumann eine Karte für *Faust* mit Quadflieg und Gründgens. Während sich Jan Plaumann Popcorn holte, vernahm ich aus dem Kiosk heraus Radio und meinte eine Todesnachricht und den Namen Thomas Bernhard gehört zu haben. Ich ging näher heran und hörte zu, es handelte sich aber um den Tod von Ida Ehre. Dann schauten wir den Film, die Rolle stürzte genau zwischen »ist gerichtet« und »ist gerettet« von der Spule. Es herrschte im Saal eine Weile Dunkelheit und betretenes Schweigen, bis der Filmvorführer hereinkam und sagte, man arbeite an dem Problem. Nach einigen Minuten kam er wieder herein und sagte, man müsse heute leider auf den Schluss verzichten. So blieb das Gretchen ungerettet, und am Abend in den Nachrichten hörte ich, dass tatsächlich nicht nur Ida Ehre, sondern auch Thomas Bernhard gestorben war.

Der Nächste, Max Frisch: Ich war damals, als er im Jahr 1991 verschied, mit einer Hunsrückerin zusammen. Diese Hunsrückerin war meine erste Erfahrung mit dem Hunsrück. Ich glaube, mein markantestes Erlebnis mit jener Hunsrückerin war, dass sie mich einmal in ihrem Hunsrücker Elternhaus mit ihrem riesengroßen Hund einsperrte, der an der Tür lag und mich nicht mehr hinausließ, sodass ich ein paar Stunden mit dieser Bestie im Kinderzimmer meiner damaligen Hunsrücker Bekanntschaft verbringen musste. Dieser

Hund schaute mich stundenlang an und knurrte, als wolle er gleich über mich herfallen (wahrscheinlich hatte sie ihm an diesem Tag extra kein Futter gegeben). Anschließend behauptete sie, sie habe normalerweise Sex mit diesem Hund. Das stimmte zwar nicht, wie ich später erfuhr, aber es wäre mir zu dieser Zeit als vollkommen normal für den Hunsrück erschienen.

Die Hunsrückerin schrieb auch Romane und neigte dazu, gewisse Schriftsteller zu vergöttern, unter anderem Max Frisch. Am 4.4.1991 war sie den ganzen Tag schlecht gelaunt, verdarb und vermieste mir dadurch meinen eigenen Tag, und als wir abends bei einem Griechen in Frankfurt-Bornheim saßen, hörte ich im Radio, dass an diesem Tag Max Frisch gestorben sei. Sie wusste es natürlich schon seit dem Mittag und regte sich jetzt, beim Griechen, auch noch darüber auf, dass ich es nicht schon tagsüber gewusst hätte (»Wie kann man das nicht mitbekommen?!«). Sie war natürlich nicht darauf gekommen, es mir zu sagen. Es hätte ihr ja die schlechte Laune verderben können.

Im selben Jahr laufe ich über die Leipziger Straße, wieder mit der Hunsrückerin, November, ein sonniger Tag, und als *Bild*-Schlagzeile lese ich: *Freddy Mercury Aids*. Am Abend war er tot, das hörte ich in den Nachrichten (Radio).

Jandl kam dann irgendwann dran, aber wo ich da war, weiß ich nicht. 2002 mein Verleger. Da saß ich morgens übernächtigt auf meiner Bettkante in einem

Ostseeferienort, hörte seit Stunden *Murder Ballads* von Nick Cave, und in einer solchen Stimmung war ich auch. Um sechs Uhr in der Früh kam der Anruf, und am Nachmittag war ich in Frankfurt zurück.

Als ich das erste Mal in Salzburg war, starb Peter Alexander, mit dem hatte ich es aber nicht so (vielleicht ein Fehler). Als ich das zweite Mal in Salzburg war, rief mich die *FAZ* an und sagte mir, Loriot sei gestorben. Beim dritten Mal Salzburg hatte ich regelrecht Angst, aber es starb niemand.

Peter Kurzeck starb auch. Bei seinem Schlaganfall war ich auf dem Land südlich von Berlin, bei seinem Tod in Frankfurt zu Hause in meiner damaligen Wohnung (jemand aus Kurzecks Verlag rief mich an).

Inzwischen sind schon so viele von meinen Namen gestorben, dass ich gar nicht mehr mitkomme und mein eigenes Alter daran abmessen kann. Inzwischen stirbt eigentlich fast täglich jemand. Der Einzige, der derzeit noch gut durchhält, ist Paolo Conte.

R:I:P

Interview mit Nina

Was ist deine erste Erinnerung an Udo Jürgens, auf dein gesamtes Leben bezogen, was ist dein erstes Erlebnis mit ihm?

N: Ich habe keine bewusste erste Erinnerung. Als Kind hat man das im Radio gehört, das lief so nebenbei, aber ich könnte kein konkretes Lied nennen. Es war so die Sechziger-, Siebziger-Schlagerzeit. Vielleicht war es das Lied mit Jenny Jürgens. Oder war das später?

Das war im Jahr 1984.

N: Nein, da war ich ja schon dreizehn. Es muss dann eher *Siebzehn Jahr, blondes Haar* oder so etwas gewesen sein.

Was haben deine Eltern gehört?

N: Zu Hause haben meine Eltern gar nichts gehört. Sie hörten klassische Musik, aber nur in Konzerten. Zu Hause bei uns wurden keine Platten aufgelegt.

Aber wann und durch was wurde für dich dann Udo Jürgens zu Udo Jürgens?

N: Also, erst als ich über dreißig war. Es gab da aber

kein konkretes Schlüsselerlebnis, es war nicht so ein Abend wie bei dir. Bei dir kann man die Entstehung von Udo Jürgens ja lokalisieren, es war der Abend, als ich nach Bad Nauheim kam und wir ein paar Lieder hörten. Bei mir war es eher so, dass ich die Musik von Udo Jürgens irgendwann einfach mal bewusst gehört habe. Ich kaufte mir eine CD, um das kennenzulernen, und eben nicht nur so die Hits, die überall laufen.

… Man war ja lange nicht erwachsen. Und als man noch nicht erwachsen war, brauchte man Udo Jürgens ja auch nicht. Aber plötzlich wachte man auf in so einem seltsamen Erwachsenenleben, und dann brauchte man ein Gegengewicht, das einem sagte, man muss das so ja nicht haben, wie es jetzt plötzlich ist. Als ich noch lediglich so um die dreißig plus war, hatte ich ihn nicht nötig. Damals war ich noch beim Fernsehen in Köln, bei RTL. Aber als dann die Familie kam und all das, der jetzige Beruf und so an blöden Orten leben … das Leben war unglamourös und unspannend, und Udo Jürgens gab einem das Gefühl, das muss nicht so sein, das kann auch anders sein.

Es gab also keinen ersten Moment, keinen ersten Themenbezug, wirklich keine Erinnerung?

N: Es muss so etwas gewesen sein wie *Ich weiß, was ich will*. Ein Lied gegen das Zaudern.

Ist dir klar, dass genau dieses Lied von vielen Frauen genannt wird? Als ich Sabrina und Kirsten kennenlernte und sie nach ihrem Hauptlied fragte, sagten beide unabhängig voneinander, es sei Ich weiß, was ich will. *Neulich hatte ich ein Interview mit dem Hessischen Rundfunk, dem Schlagerkanal HR4, und wir kamen natürlich auf Udo Jürgens zu sprechen, und ich fragte die Moderatorin, was denn ihr Lied sei. Sie sagte* Ich weiß, was ich will. *Das wird im Übrigen auch beim Karneval gespielt.*

N: Ja, *Griechischer Wein* wird da auch gespielt.

Wir wissen beide, wie »Griechischer Wein« entstanden ist. Zuerst war die Musik da, der Text kam erst viel später. Natürlich ist das schon von der Musik her zum Mitgehen. Udo Jürgens hat mal gesagt, er finde es immer großartig, wenn seine Lieder von einer Kapelle, und sei sie noch so fürchterlich, gespielt werden und dann die Leute auf den Tischen stehen. Aber zurück zu dem unglamourösen, unspannenden Leben, von dem du gesprochen hast. Bedeutet das, dass es sich um eine Art Ausflucht handelt, wenn man im Erwachsenenleben ankommt und dann eben Udo Jürgens hört?

N: Nein. Ausflucht hieße, ich höre das und kann dadurch den Rest irgendwie aushalten. Ich würde auch nicht von Aushalten reden. Die Lieder von Udo Jürgens beinhalten schon eine abstrakte Handlungsanweisung, nach der ich mich teils auch gerichtet habe, und sei es diese banale Botschaft: Mach es doch einfach! Eben gegen das Zaudern. Und es funktioniert ja auch, wenn man es tut. Oder die Botschaft: Stelle erst mal deine Gefühle über anderes, und nicht umgekehrt.

Was »macht man dann einfach«?

N: Lebe nach deinen Gefühlen, überlege nicht, was danach passiert.

Geht es da auch um so etwas wie Direktheit, direkte Ansprache? Etwa im Sinne von Es wird Nacht, Senorita? *Das Lied trägt ja ein klares Anliegen ziemlich explizit vor.*

N: Nein, darum geht es nicht an erster Stelle. Obwohl Udo Jürgens damit schon sehr offen umging.

Wie kam es damals dazu, dass du bei deinem Besuch in Bad Nauheim/Schwalheim die Musik von Udo Jürgens dabeihattest? Übrigens ein Besuch mit weitreichenden Konsequenzen, denn ohne deinen damaligen Besuch hätte ich ja nie Texte über Udo Jürgens geschrieben und wäre wahrscheinlich niemals zu ihm gekommen. Hätte seine Konzerte nicht gesehen etc.

N: Weil ich sie tatsächlich immer dabeihatte zu der Zeit. Ich hatte nichts Konkretes mit euch vor. Aber wenn man da so sitzt und kennt sich und schätzt sich, dann ist da schon das Gefühl: Ich habe da etwas und will das teilen und auch anderen gönnen. Wie bei Büchern. Wenn ich ein Buch lese, das mir wichtig ist, möchte ich auch, dass andere, die ich kenne, daran Anteil haben können. Und bei Udo Jürgens war mir schon klar, dass es da diese Vorbehalte gibt. Aber ich verstehe nicht, wieso da so viele Vorbehalte sind. Ich hatte gegen ihn nie Vorbehalte.

Woher kommen die Vorbehalte?

N: Na ja, da ist immer Zugehörigkeit zu einer gewissen Szene impliziert, zur Schlagerszene, und da denken die Leute: Da will ich nicht dazugehören, das ist banal, platt, ich bin schlauer.

Ist denn die Musik von Udo Jürgens Schlagermusik?

N: Nein, aber die meisten glauben das. Und gegen Schlager setzt man sich eben ab. Da steckt dann auch Ablehnung der Eltern drin, auch, dass man sich von ihnen auf diese Weise absetzt. Schlager und die Eltern, da denkt man gleich an so etwas wie Nicole, *Ein bisschen Frieden*. Aber um auf unser Thema zurückzukommen: *Ich würde es wieder tun* wäre auch so ein Lied, das erst ab einem gewissen Alter sinnvoll ist. Es setzt voraus, dass man Fehler überhaupt erst mal gemacht haben muss. Das passt erst ab einem gewissen Alter. So etwas hätte ich mit zwanzig Jahren zum Beispiel nicht gehört.

Du hast also die Theorie, dass Udo Jürgens erst ab einer gewissen Erfahrungsstufe funktioniert?

N: Ja, vorher ist es nur mitgrölen.

Mitgrölen?

N: Ja, die jungen Leute, die auf Festen *Griechischer Wein* mitgrölen oder *Ich war noch niemals in New York*.

Woran liegt es, dass gerade bei diesen Liedern mitgegrölt wird?

N: Bei *Griechischer Wein* ist es sicherlich allgemein das Thema Reisen, Urlaub, Amalfiküstenkitsch, die kennen wohl auch den Text nicht weiter. Bei *Ich war noch niemals in New York* ist es ein ubiquitäres Freiheitsstreben. Es fühlt sich ja jeder irgendwie mal unfrei. Da geht es eben nur um die eine Textzeile, um sonst nichts weiter.

Was war dein erstes Konzert?

N: Das mit dir. Als wir zum ersten Mal hingegangen sind.

Oh, das wusste ich nicht. Und wirklich niemand hat dich zu ihm gebracht? In welcher Reihe steht er für dich? Von den Künstlerpersönlichkeiten her und dem, was sie gemacht haben?

N: Thomas Mann? (Lacht.) Künstlerleben in weltlicher Gesellschaft ist ein ständiges Problem bei Thomas Mann. Es ist wie bei Udo Jürgens der Kampf gegen die Entzauberung des Alltäglichen.

Ist die Musik von Udo Jürgens manchmal für dich grenzwertig?

N: Ja, manchmal schon. Aber ich kann darüber hinwegsehen, ich verzeih ihm das. Das ist so ungeschützt.

Welche Musik ist nicht grenzwertig?

N (lacht): Richard Wagner. Du meinst Popmusik?

Ja, was kannst du ungebrochen hören? Ich vermute mal, z. B. Nick Cave in den letzten zwanzig Jahren, ab der Murder Ballads.

N: Ja, das stimmt, das könnte ich nennen. Nick Cave, aber nicht so ganz am Anfang. Und Alexandra. (Lacht.) Ich finde Alexandra großartig. Beatles.

Lieblingsalbum?

N: *Sgt. Pepper*? *Help*? *Oder Abbey Road*, vielleicht das.

Wie viele Leute hast du sonst noch so zu Udo Jürgens bekehrt?

N: Sonst keinen. Es ist mir sonst nicht gelungen. Ich versuche das auch nur bei denen, bei denen ich ein gewisses Potential vermute.

Abschließend die Frage nach deinem Lieblingslied …

N: Je nach Stimmung. Eher die frühen Sachen. *Mein Freund, der Clown. Deine besten Jahre. Der große Abschied.* Aus der Zeit. Echt schwere Frage, es gibt so viele.

Eher die »erzählerische« Frühphase?

N: Ja, die neuen Lieder liegen mir gar nicht so. Aber *Mein größter Wunsch* und so etwa mag ich auch schon sehr, also die großen Hymnen. Die kamen ja eher in der zweiten Werkshälfte.

Nina, vielen Dank für dieses Gespräch.

Neulich kamen sie mal wieder nicht bis San Francisco

Neulich ging mir durch den Kopf, was eigentlich nach der Trauerarbeit von Udo Jürgens bleiben wird.

Mehrere Sachen fielen mir ein. Auf dem Ballermann (oder in Hamburg auf der Reeperbahn, im Silbersack etc.) wird er noch auf Jahrzehnte gespielt werden. Die Leute, wenn sie auf den Tischen stehen und wie von elektrischem Strom durchzuckte tote Froschleiber zu Dumpf-Reizen zappeln, werden das auch weiterhin zu *Griechischer Wein* und *Ich war noch niemals in New York* machen. Das Great German Songbook, wenn es so etwas gibt, besteht weniger aus ganzen Songs und ausgefeilten Kompositionen wie bei Duke Ellington, Henry Mancini oder Irving Berlin, sondern aus einzelnen, mehr oder minder stets im Kommisston ausgerufenen Satzfragmenten, zu denen man die Hände hebt und gern in Ekstase gerät. Da wird dann auch Udo Jürgens heruntergedimmt auf die wenigen weithin bekannten Worte und Sätze wie eben *Griechischer Wein* (die meisten können tatsächlich nur die beiden Worte mitsingen) oder *Ich war noch niemals in New York*. Bei *Ich war noch niemals in New York* kommen sie auf den Tischen meistens bis »Hawai« gut mit, schwächeln dann aber schon merklich ab »Ging nie durch San Francisco …« Wenn aber zum zweiten Mal der Titel *Ich war noch niemals …* ansetzt, sind sie alle wieder da und für einen Moment sehr glücklich, weil da etwas ist, das sie alle können und wo sie alle mitmachen, und das schafft dann auch ein gewisses Einheits- und Verbrüderungsgefühl, obgleich das Lied natürlich ganz und gar nicht von so etwas handelt. Sie singen es genauso, wie sie auch die Zeile »Zieh dich aus kleine Maus« singen würden, oder »Atemlos durch die Nacht« oder, wenn sie etwas altbackener sind, »Marmor, Stein und Eisen bricht«. Von letzterem Lied können sie, wenn sie es denn kennen, übrigens immer den ganzen Refrain.

Überhaupt ist das Great German Songbook eher eine Veranstaltung biergrölender Jungsgruppen auf Tischen mit allgemeiner Schlägerbereitschaft, kommt mir manchmal vor.

Udo Jürgens dagegen ließe sich tatsächlich besser in das Great American Songbook eingliedern, und wer weiß, möglicherweise zählen ihn ja manche sowieso dazu, weil einige seiner Kompositionen in den Staaten auf Augenhöhe mit den ganz großen Klassikern gesungen werden. *If I never sing another song* war für Sammy Davis Jr. ein expliziter Ersatz für das, was *My Way* für Frank Sinatra war: Er sang die Nummer zum Schluss eines jeden seiner Konzerte und versuchte dadurch ein ähnlich starkes Markenzeichen zu entwickeln wie Sinatra mit seinem berühmtesten Song (ursprünglich ein französisches Chanson.) Jenes *If I never sing another song* wird in den Vereinigten Staaten immer überleben.

Aber der internationale Udo Jürgens ist hierzulande wiederum weniger bekannt. Auch wenn viele wissen, dass er von Shirley Bassey, Matt Monro und ähnlichen Stars gesungen wurde, so sind die Lieder doch kaum geläufig – im Vergleich etwa zu *Aber bitte mit Sahne* oder *Mit 66 Jahren* – Lieder, die eher hierzulande Erfolg hatten.

Die international erfolgreichen Kompositionen von Udo Jürgens aus den Sechzigerjahren haben alle eine große Geste und zugleich eine elegante Dezenz. Das passte auf Dauer nicht in den deutschsprachigen Raum. Übrigens zählten internationale Erfolge hierzulande nicht nur nichts, sie ruinierten vielmehr das Ansehen. Deshalb erwähnte man diese Erfolge lieber gar nicht und tat das, was die hiesigen Fernsehanstalten und Agenturen von einem verlangten. Der große Paul Kuhn konnte davon ein Lied singen. Beziehungsweise Paul Kuhn durfte hierzulande eigentlich überhaupt nur ein Lied singen: *Geben Sie dem Mann am Klavier …*

Aber das Great German Songbook ist eben eine Veranstaltung grölender Tischtänzer mit (maximal) Refrainvermögen. Und die wollen stets noch ein Bier.

Udo Jürgens hat es geschafft, sich dem weitgehend zu entziehen, auch deshalb, weil er den Ballermann nebenher mit Maximalgrölzeilen versorgte. Das waren aber nicht mehr als die Späne, die beim Hobeln abfallen. Doch damit war er von diesem ganzen Themenkomplex befreit (und hatte auch dort gesiegt).

Ich unterteile Udo Jürgens für mich immer in den mittelfrühen Udo Jürgens, das ist seine musikalisch makelloseste, klassische Phase (*Merci Chérie; Siebzehn Jahr, blondes Haar; Was ich dir sagen will; Der große Abschied; Sag ihr, ich lass' sie grüßen; Warum nur warum; Und immer wieder geht die Sonne auf*). Dann kommt seine erzählerische Phase, da geht es um diverse Themen (Formel 1, Fußball, Zirkus, Kindheit, Zeit etc.). Zeitgleich entstehen die großen, vermeintlich sozialkritischen Hits, *Ein ehrenwertes Haus, Aber bitte mit Sahne, Griechischer Wein*, daneben die weniger großen Hits, die heute ebenfalls sozialkritisch genannt werden (*Gefeuert, Lieb Vaterland*). Die musikalische Bandbreite öffnet sich immer mehr, die Musik wird eklektischer, *Ein ehrenwertes Haus, Aber bitte mit Sahne* und *Mit 66 Jahren* klingen wie eine Mischung aus Chuck Berry und Sachertorte. Weltweit waren die Siebzigerjahre sowieso ein einziger Stilmischmasch, selbst John Lennons letzte Platte, 1980, bediente sich zeitlich rückwärts ziemlich ungehindert und klang teilweise wie Roy Orbison. Musikalisch bin ich in dieser Phase bei Udo Jürgens immer etwas desorientiert, weil ich das musikalische Ganze aus den Augen verliere. Er hat einfach unüberschaubar viele Songs gemacht, die in die verschiedensten Genres hineingehen. (Dagegen waren die oben genannten Kompositionen der klassischen Phase allesamt wie aus einem einzigen Guss.) Diese ganze Bandbreite an Udo-Jürgens-Liedern von *Libero* bis *Matador* wird schon deshalb kaum bleiben, weil sie nicht nur heute kaum jemand kennt außer den eingefleischten Udo-Jürgens-Hörern, sondern weil er damit auch damals keinen sehr großen Erfolg gehabt haben dürfte. Während er in Amerika stets weiter von Sammy Davis Jr. gesungen wurde, während er im Ausland mit Shirley Bassey auftrat, mit seiner Musik aus den Sechzigerjahren weiterhin großen Erfolg hatte (mit *Was ich dir sagen will* etwa in Argentinien und Japan), musste er sich zugleich im deutschsprachigen Raum neu erfinden, was bei den ernster gemeinten Liedern erst mal nicht so populär war.

Aber Udo Jürgens konnte ja immer auch die andere Seite bedienen, d. h., er konnte, so wie er nebenher den Ballermann versorgt hat, auch nebenher die Agenturen und Fernsehanstalten und das breite Publikum mit dem damaligen Zeitgeschmack versorgen. Das machte er im aufrechten Gang und erhobenen Hauptes, da kamen dann Lieder heraus wie *Der Teufel hat den Schnaps gemacht*. Die dunkelste Stunde dieser Phase war dann *Buenos Dias Argentina*.

Buenos Dias Argentina geht über jede Schmerzgrenze. Es ist ein ganz und gar dummes Lied. Es hat keinerlei Ironie, es hat nicht einmal irgendeinen erkennbaren Sinn. Zum Vergleich: *Paris, einfach so nur zum Spaß*. Das ist ein Lied, zu dem sie auf den Tischen tanzen, und zugleich ist das Lied alles andere als dumm, wenn man darauf hört, was es erzählt.

Aber es zwingt uns ja auch keiner dazu, *Buenos Dias Argentina* zu hören. Und am wenigsten zwang uns Udo Jürgens. Dass man *Buenos Dias Argentina* nicht gerade häufig auf seinen Konzerten gehört hat, ist eine deutliche Aussage. Und dabei war die gleichnamige Platte seine erfolgreichste überhaupt.

Auch das ist Udo Jürgens: Er nahm die Angebote an.

Aber vielleicht kann man nur so zum Volkssänger werden. Indem man auch beim Publikum in all seinen Irrungen und Wirrungen bleibt. Zum Beispiel unser aller Hans Albers (Berühmtestes Zitat: »So wahr ich der liebe Gott bin!«) hat vor allem nach dem Krieg einige ziemlich furchtbare Filme gemacht. Und doch und wohl auch deshalb wird Hans Albers immer der große Hans Albers bleiben. In Hamburg war einer meiner ersten Gänge der an das Grab von Hans Albers. Der *FAZ* schlug ich vor (ich schlage Zeitungen sonst nie etwas vor), an das Grab von Udo Jürgens zu fahren. Sie schauten sich das Grab an (gestaltet von Manfred Bockelmann) und schickten mich lieber ins Münchner Hofbräuhaus, wo am Abend im Festsaal oben natürlich auch Udo Jürgens gespielt wurde, wobei sie auf den Tischen standen und tanzten und schnalzten und juchizten gemäß dem Great German Songbook. Helene Fischer fehlte auch nicht im Katalog.

Ich betreibe seit fast einem Jahr Udo-Jürgens-Stochastik. Ich frage die Leute und mache mir Notizen. Etwa im vergangenen August, am ersten des Monats, war ich in einer Straußwirtschaft in meiner alten Heimat, der Wetterau. Meine Notizen zu diesem Tag:

Am Tisch vier Post-Abiturienten, erstes Ausbildungsjahr, sie meinen trinken zu können und fühlen sich großartig, beim Apfelwein zu sitzen. Machen aber schnell schlapp. Irgendwann kommen zwei Damen Mitte sechzig an den Tisch dazu. Ich frage die Jungs nach Udo Jürgens. Klar kennen wir Udo Jürgens, sagen sie. Und was kennt ihr? Dieses Lied, sagt einer, das immer auf den Partys gespielt wird, wo es … wo es um … Ich: Du meinst *Ich war noch niemals in New York*. Alle: Ja, genau, *Ich war noch niemals in New York*. Das singen wir dann immer alle. Einer: Oder *Griechischer Wein*. Das wird dann auch gespielt. Da singt man auch mit. Ich: Weißt du, wovon das Lied handelt? Er: Äh, von … von griechischem Wein, irgendwie. Ich: Und der Refrain? Er: Also, ich kenne eigentlich nur *Griechischer Wein*, also die Worte selbst, der Rest, ich weiß nicht, nein, habe ich eigentlich keine Ahnung jetzt. Ich zu der Gruppe: Kennt ihr Leute, die Udo Jürgens hören? Sie: Ja, schon, so Ältere. Ich: Eure Eltern? Sie: Ja, manchmal schon, glauben sie.

Ich bin so alt wie ihre Eltern.

Die beiden älteren Damen am Tisch frage ich nicht, ob sie etwas mit Udo Jürgens zu tun hätten. Da gehe ich gleich in die Vollen und frage: Wart ihr jemals auf einem Udo-Jürgens-Konzert? Die Frage stößt nicht auf Verwunderung. Beide schauen nachdenklich. Nein, leider nie, sagen sie. Wieso, frage ich. Sie: Es war nie so die Gelegenheit, und sie hätten gedacht, es sei ja noch Zeit, zu Udo Jürgens könne man ja immer noch hingehen …

Als Udo Jürgens starb, war er sicherlich fünfzehn Jahre älter als die beiden Damen. Was für einen Zeitbegriff die Menschen haben!

Oder 6. August, ich sitze in einem Haus in der Wetterau und höre *Gefangen im Netz*. Jedes Mal wenn ich dieses Lied *Gefangen im Netz* mit seinem einfachen Text und seiner recht unpersönlichen Gebrauchsmusik höre, wird mir klarer, dass dieses Lied einmal eines der berühmten Udo-Jürgens-Lieder werden wird. Eigentlich hat es nichts. Und deshalb kann es überall langsam hineinkriechen und alles infiltrieren. Ich schaue zwar kein Fernsehen, aber ich bin überzeugt, in einiger Zeit werden sie alle Fernsehberichte, die mit Mobiltelefon, Abhören, Datensammeln zu tun haben, mit Textzeilen aus diesem Lied unterlegen, so wie sie früher zu jedem Sonnenauf- oder -untergang immer Pink Floyd eingespielt haben, *Shine On You Crazy Diamond*.

Sie werden es deshalb tun, weil in diesem Lied alles

eins zu eins gesagt ist, das Glas steht auf dem Tisch, der Tisch steht auf dem Boden. Ohne weitere Dimension, ohne Attitüde, ohne Zeitgeist, deutlich, eben wie es ist. Typisch Udo Jürgens.

Um meiner Frau zu demonstrieren, was Udo Jürgens eigentlich machte, zeigte ich ihr an diesem Tag eine Filmaufnahme, wie Udo Jürgens in seinem Todesjahr, fit wie eh und je, auf dem Dresdner Opernball *Der ganz normale Wahnsinn* sang. Zufällig hatten wir am selben Tag die Schlussrede Hitlers aus Leni Riefenstahls Parteitagsfilm *Triumph des Willens* gesehen. In schöner Fritz-Lang-Ästhetik filmt Leni Riefenstahl immer wieder den langen Parteitagssaal von hinten, ein gigantischer Anblick, und vorn im Zentrum, wo in der Kirche der Altar steht, befindet sich Hitler und redet. Es ist, wie wenn man im Westwerk von, sagen wir, dem Kölner Dom steht und nach vorn Richtung Osten schaut. (Bildtechnisch und auf Kircheninnenräume bezogen stand Hitler immer im Osten, da wollte er ja auch hin.)

Es war der Wahnsinn! Die Leute tanzten beim Opernball, vorn im Osten saß Udo Jürgens am Klavier, dahinter das Orchester, und über ihnen die große Leinwand, auf der das riesige Gesicht von Udo Jürgens zu sehen war. Die Leute tanzten, und zentral in der Raumflucht, wie bei Leni Riefenstahl, Udo Jürgens. Meine Frau sah das Bild und sagte: Sieht ja aus wie bei Leni Riefenstahl.

Und es war ein Opernball, und die Leute tanzten und schunkelten und fühlten sich wohl und großartig, und Udo Jürgens dort im Osten, wo einstmals Hitler seine Rede schwang, sang diese Sätze:

»Katastrophen in den Medien
Die Luft verdreckt, das Meer versaut,
Bei den Großen, die uns führen, niemand mehr,
dem man vertraut …
Keine Gelder für die Kinder,
Aber Waffen sind okay.
Alle reden nur vom Frieden und es spielt die
Heilsarmee!
Dann noch Fernseh'n unterirdisch,
Superstars, die tun mir leid.
Nackte Deppen im Container, weggezappt –
schad' um die Zeit.
Und ich gehe in den Keller,
Dorthin, wo die Weine steh'n.
Komm, genießen wir das Leben, denn so kann's
nicht weitergeh'n.«

Ich sagte meiner Frau: Er hat im totalen Zentrum der Unterhaltungsindustrie allen Leuten alles direkt ins Gesicht gesungen. Und die Leute hörten es und tanzten Foxtrott dazu, und es war wie bei Volker Pispers, dessen Thema ja auch immer ist, dass politisches Kabarett wie seines in schöner Regelmäßigkeit zu dem

Ergebnis führt, dass die Leute köstlich amüsiert sind, anschließend nach Hause gehen und genauso katastrophisch weitermachen wie vorher. (Das kann Pispers dem Publikum auch ganz offen sagen. Und sie lachen, fühlen sich prächtig amüsiert und gehen in der oben genannten Weise dann nach Hause).

Bei Hitler machten die Leute wenigstens, was er sagte!

Es war knallhart, was wir da sahen (Jürgens auf dem Dresdner Opernball), so knallhart, dass man es erst einmal gar nicht begreift, so wie man den Wald vor lauter Bäumen nicht sieht, sondern eben immer nur Bäume. Das ist übrigens oft so bei Udo Jürgens gewesen: Man sah Udo Jürgens vor lauter Udo Jürgens nicht. Bei Michael Jacksons Geburtstag sang er *Die Krone der Schöpfung*, Mario Adorf musste bei der Aufführung mitmachen, und das Publikum war alles andere als begeistert, denn sie wollten etwas ganz anderes hören. Da herrschte Gegenwind! Und Udo Jürgens zog es durch, standhaft und im aufrechten Gang, und *Buenos Dias Argentina* wird ihm nicht leichter gefallen sein, auch wenn da alle gejubelt haben – zumindest in Deutschland.

Irgendwann kam bei Udo Jürgens dann das dazu, was bei allen wirklich Großen dazukommt, sei es beim Volksschauspieler Hans Albers, sei es beim Volksschriftsteller (zumindest SPD/DGB-Schriftsteller) Günter Grass oder eben bei Udo Jürgens. Alles, was er sang, wurde zur Selbstaussage. Stieg er auf die Bühne, stieg das Narrativ auf die Bühne, und jedes Ich aus dem Mund Udo Jürgens' war kein Kunsttext mehr, es schien den Leuten wirkliche, offene Ansprache. Ich weiß, was ich will. Ich werde es wieder tun. Mein Ziel ist, immer ein Ziel zu haben. Denn jede Trennung ist so wie ein kleines Sterben. Ich kenne jedes Glück und jede Art von Schmerz. Aufbruch immer neu, vorbei ist nicht – vorbei.

Und die Leute standen in den Konzerten und glaubten in diesem Moment, dass sie wüssten, was sie wollten. Sie glaubten, alles was sie je getan hätten, würden sie wieder tun. Ihr Ziel war es für diesen Moment, immer ein Ziel zu haben. Sie wussten: Jede Trennung war wie ein kleines Sterben, und sie dachten, sie kennten das: Jedes Glück und jede Art von Schmerz. Und sie sagten sich: Aufbruch immer neu! Denn vorbei ist nie vorbei. Etc.

Sie glaubten ja auch Hitler, was er dort im Osten sprach. Wer im Osten steht und spricht, dem wird immer geglaubt, denn sonst wäre er nicht erfolgreich geworden und könnte nicht im Osten stehen, kirchenbautechnisch gesprochen oder mit Leni Riefenstahl.

Diese letzte Phase, die Phase der Ich-Werdung aller Sätze, ist die Phase der großen Hymnen. Diese Hymnen haben (s. o.) keine Erzählung mehr, keine eigentlichen Themen mehr, und musikalisch kehren diese Hymnen zum ursprünglichen Kompositionshandwerk von Udo Jürgens zurück. Sie sind nicht mehr eklektisch, bedienen sich keiner anderen Landestöne wie *Griechischer Wein* oder *Spiel, Zigan, spiel* oder *Es wird Nacht, Senorita*, sie haben wieder die große Geste und diese notwendige Dezenz, zumindest in den Studioaufnahmen. In den Konzerten allerdings klang es inzwischen wie bei einem Gottesdienst, wenn er Hymnen sang wie etwa *Wer nie verliert, hat den Sieg nicht verdient*.

Auch Hitler machte Gottesdienste (er konnte sogar *Amen* sagen und *Allmächtiger*). Jedes Rockkonzert hat etwas von einem Gottesdienst. Es kommt weniger auf die Form an, die ist von Hitler über Udo Lindenberg und hin zu jedem Papstauftritt gleich (vorne steht der, dem sie hinten im Saal glauben). Es differenziert sich allerdings danach, wer da vorne steht und was er sagt.

Udo Jürgens hat nicht verteidigt, er hat angegriffen. Mit ihm wäre nie ein Staat zu machen gewesen. Mit ihm wäre immer nur der einzelne Mensch zu machen gewesen. Udo Jürgens war immer antiinstitutionell und deshalb tendenziell sowieso immer eher auf der Seite der Friedfertigkeit. Hat er jemals von einer Nation gesungen? Hat er jemals Töpfe verteidigen wollen? Hat er überhaupt jemals irgendwo verbissen recht haben wollen?

In diesen Hymnen ist m. E. der Anschluss an die mittelfrühe klassische Phase geschafft. In den Konzerten klangen die Lieder nach Gottesdienst, Ich-Gottesdienst, aber sie hatten dafür wieder den Geist eines wirklichen Great Udo Jürgens Songbook.

Jenes *Wer nie verliert, hat den Sieg nicht verdient* sang er auf seinen Konzerten scharf, fast österreichisch hart im Klang und ein wenig so wie der andere Österreicher im Osten. Man kann auf manchen Konzertmitschnitten sehen, dass Udo Jürgens – wieso sagte ihm das keiner? – auf den letzten Tourneen manchmal direktes Licht von oben hatte, sodass seine Nase einen geraden Schatten auf die Oberlippe warf. Die Haare waren manchmal etwas durcheinander, das tat sein Übriges dazu. Noch auf seinem letzten Konzert ergab sich dieser Effekt, er ähnelt jener berühmten Louis-de-Funès-Sequenz, wo Funès als Kellner einem deutschen Gast namens Herr Müller die Zubereitung eines Kartoffelsoufflés mit Muskatnuss erläutert.

Aber was wird denn nun bleiben, auf die Dauer? Ich glaube, eines wurde ständig vergessen. Es kam uns eigentlich nie zu Bewusstsein, dass nur Udo Jürgens die Musik von Udo Jürgens machen konnte. Bei allen anderen, den Nachgeborenen, wäre die Entscheidung zu solchen Texten und solchen Kompositionen vermittelt, retro, anfechtbar, letztlich künstlich, beliebig, eigentlich unmöglich. Ich verstehe es erst jetzt. Die Musik von Udo Jürgens war mir, bevor ich sie kannte, ja auch peinlich. Jetzt weiß ich: Die Musik von Udo Jürgens wäre sofort peinlich, hätte sie ein anderer gemacht, ein Nachgeborener, einer, der nicht diese langen Zeiten überbrücken kann, sondern *post festum* plagiiert. Udo-Jürgens-Musik setzte immer voraus, dass sie Udo Jürgens machte.

Udo Jürgens kam aus einer anderen Zeit, er hat die Anbindung an diese Zeit nie so sehr verloren, dass er die Coolness, die später im Showgeschäft inszeniert wurde (Nick Cave! Stones! Falco!), die Pop-Coolness, hätte entwickeln können und müssen. Dieser Coolness stand er gegenüber wie ein Tyrannosaurus Rex einer Barbiepuppe. Er hat bis ins Jahr 2014 spielend für uns fünfzig Jahre überbrückt. Fünfzig Jahre! Das ist, um es mal anschaulich zu machen, die Zeit von Chris Howland bis Deichkind.

Dass das keinem mehr gelingen wird, das wird wohl auf jeden Fall bleiben.

die sprache der texte ist niemals frisch, die worte sind immer gebraucht und schon längst verbraucht. sie kommen immer viel zu spät und gehen eigentlich gar nicht

uj ist kommunikationstheoretisch wie apfelwein auf musikalisch

ein leben mit ihm hätte ich gar nicht aushalten können, das ging nur die letzten jahre, aber 40 jahre das konzept der radikalen emotionalität ertragen?

uj als der »andere«. schon zu zeiten, als ich ihn nicht gehört hatte und kannte, lag das im raum. die anderen schlagerstars blieben auch, wurden älter, was für einen, wenn man jung ist, seltsam ist, weil man ja von jungen popleuten umgeben ist, die man hört. da war nie einer 35 jahre älter als ich. in den zeitungen hieß es: der ist einer für die frauen, aber auch stets: der ist anders als die anderen (schlagerleute). was für ein schicksal: eigentlich immer auf den ersten blick verwechselt zu werden, und dann als erstes eigenes kriterium: anders als die. wenn auch im sinne von besser (als schlager).

aber was ist »anders«? und dass er eine gemeinde habe, denen er das leben miterzähle, ihr leben, sodass sie ein leben mit ihm gingen, zumindest von platte zu platte, die unermüdlich veröffentlicht wurden, und von konzert zu konzert

neulich fragte mich nina, ob ich nicht einmal etwas über *spiel, zigan, spiel* schreiben könnte. ich spielte durch, wie eine solche kolumne aussehen könnte. zum beispiel: man könnte den vorwurf eines gewissen balkan-blackfacing entwickeln, nur um udo jürgens im gleichen augenblick argumentativ von diesem vorwurf freizusprechen, das wäre also eine zirkuläre kolumne …

man kann nichts sehen. die intention wird nicht sichtbar. man kann ihn nicht aufnehmen. die leerheit ist selbst die intention

uj als der nichtmitmacher, der dadurch nicht mitmacht, dass er den mainstream mitmacht

alles fragmente, ideen, skizzen. der raum soll sich für UJ ins unendliche öffnen und die erzählungen über ihn nicht versiegen

nochmal über zersplitterung nachdenken. war er »cool«? ja, bei *mercie chérie*, aber auch eher so eine altherrenunterhosencoolheit, leicht stickig. das, was er damals als freiheit und sex verkörperte, hat heute schon wieder was, das nur mit der eigenen eltern-generation zu verbinden ist

udo jürgens ist noch nicht zusammengesetzt

wer hat so vielen so vieles gegegeben? und keine der beteiligten waren idioten

wer ist eigentlich stefanie sühner?

udo jürgens und die gegenposition (linker, uneheliche kinder etc., und erst war er everybodys darling)

clawdia chauchat – frauen lassen einen kommen, wählen – uj als gegenthese. eine frau unter männern

uj ist emotion ohne zeitgeist

man muss seine texte immer zerstören. das kommt vermutlich daher, weil man auch sonst alles im leben immer zerstören muss. nur, was man zerstört hat, kann bestand haben. deshalb könnte ich auch nicht schreiben wie kurzeck. ich kann nur schreiben wie stadler: alles immer wieder kaputthauen und dann schauen, was noch bleibt. sich selbst kaputthauen, das wäre doch mal eine definition für das, was schreiben ist über udo jürgens schreiben und sich selbst damit kaputthauen, oder ihn, solange, bis er bestand hat und erkannt ist

weil udo jürgens nicht erklärt wurde. weil er der größte schläfer der deutschsprachigen nachkriegskunstindustrie ist. ein zombie, der aus gräbern kommt, die wir zwar ahnen könnten, die wir aber nicht ahnen wollen, und der uns höchstpersönlich in eben diese gräber hineinstößt und in dem augenblick die maske von seinem gesicht reißt. und siehe da: er ist gar kein zombie. und wir sehen ihn erschrocken an und sehen in seinen augen widergespiegelt, was wir selbst sind: zombies, untote, unzufriedene, unbefriedigte, unwahrhafte, allzutägliche. *heute beginnt der rest deines lebens.* man höre sich dieses lied an: *heute beginnt der rest deines lebens.* dieses lied ruft nichts weiter als: idiot! idiot! ihr seid alle idioten!! mit einer teufelsfratze lacht einem dieses lied ins gesicht. das was j.c. bedingungslos und unerfüllbar eingefordert hat, nämlich das grenzenlose geben der eigenen person, heißt in udo jürgens übersetzt: die grenzenlose erfüllung der eigenen person. natürlich ist sie ebenso wenig unter menschen möglich. aber wir glauben an diese erfüllung, ein bisschen erfüllung, ein bisschen freiheit

Inhalt

Andreas Maier
im Suhrkamp Verlag

Bullau. Versuch über Natur. Von Andreas Maier und Christine Büchner. st 3947. 127 Seiten

Das Haus. Roman. Gebunden und st 4416. 164 Seiten

Kirillow. Roman. Gebunden und st 3778. 348 Seiten

Klausen. Roman. Gebunden und st 3569. 216 Seiten

Mein Jahr ohne Udo Jürgens. Gebunden. 218 Seiten

Onkel J. Heimatkunde. Gebunden und st 4261. 131 Seiten

Der Ort. Roman. Gebunden und st 4689. 154 Seiten

Sanssouci. Roman. Gebunden und st 4165. 298 Seiten

Die Straße. Roman. Gebunden und st 4567. 193 Seiten

Wäldchestag. Roman. Gebunden und st 3381. 315 Seiten

Das Zimmer. Roman. Gebunden und st 4303. 203 Seiten

Ich. Frankfurter Poetikvorlesungen. es 2492. 150 Seiten

Andreas Maier trifft Wilhelm Raabe. Der Wilhelm-Raabe-Literaturpreis 2010. es-Sonderdruck. 43 Seiten

NF 385/1/05.16